AF623152

Ni son todos los que están
Ni están todos los que son

Ni son todos los que están ni están todos los que son

REFRANERO MEXICANO

1300 dichos y refranes
con explicaciones.
Uso didáctico

Luz María Flores González

1a. edición, julio 2003.

© *Ni Son Todos los que Están, Ni Están Todos los que Son*
Luz María Flores González

© 2003, Grupo Editorial Tomo, S.A. de C.V.
Nicolás San Juan 1043, Col. Del Valle
03100 México, D.F.
Tels. 5575-6615, 5575-8701 y 5575-0186
Fax. 5575-6695
http://www.grupotomo.com.mx
ISBN: 970-666-707-5
Miembro de la Cámara Nacional
de la Industria Editorial No 2961

Diseño de Portada: Emigdio Guevara
Formación Tipográfica: Servicios Editoriales Aguirre, S.C.
Supervisor de producción: Leonardo Figueroa

Ninguna parte de esta publicación podrá ser reproducida
o transmitida en cualquier forma, o por cualquier medio
electrónico o mecánico, incluyendo fotocopiado, cassette, etc., sin
autorización por escrito del editor titular del Copyright.
Este libro se publiucó conforme al contrato establecido entre
Luz María Flores González y *Grupo Editorial Tomo, S.A de C.V*

Impreso en México - *Printed in Mexico*

Agradecimiento

Quiero manifestar mi agradecimiento, primeramente a Dios, que en la vida que me ha concedido, he encontrado el gusto por este género de expresión, que son los dichos y refranes, y que al utilizarlos como parte de mi lenguaje cotidiano me producen gran alegría.

Yo los encuentro sumamente ingeniosos y graciosos; un refrán puede aplicarse a muchas situaciones, y para una situación también pueden aplicarse diversos refranes, dando enfoques diferentes que nos hacen reflexionar graciosamente. Otro de sus beneficios está en que con pocas palabras nos ayudan a expresar mucho.

Con todo mi amor agradezco también a mi madre, que desde niña despertó en mí el gusto por este tipo de expresión, al mismo tiempo que con ella me corregía.

Por su fe en mí, a mi amiga Graciela Frisbie, mi gratitud por haberme sugerido la idea de esta compilación.

Y en general a todos mis amigos y amigas que con sus palabras de aliento y entusiasmo me brindaron su apoyo.

De una manera muy especial, mi agradecimiento al Doctor en Derecho Humberto Martínez Suárez, ya que sin su generoso apoyo, esta obra no habría sido posible.

A ustedes dedico esta compilación.

Luz María Flores González

Prólogo

Dentro del colorido tapiz de una cultura, existen chispazos de genialidad: los refranes.

Con ellos los pueblos definen sus actitudes ante la vida en sus diversos aspectos. Un refrán te guía en momentos de confusión, te alegra cuando estás triste, te lleva de la mano para encontrar la solución a un problema. Te identifica con esa cultura que te vio nacer y te alimenta día a día.

Un refrán es un juego de palabras y de ideas que da cierto color a nuestras experiencias, cierto sabor al ir y venir de nuestra vida. Es el espíritu de juego latente en nuestro pueblo, que le ayuda a avanzar en el sendero de la vida sin tanta seriedad, jugando, buscando y encontrando esas pequeñas fórmulas que dan sentido hasta a las experiencias más desconcertantes.

Sin embargo, el ajetreo de la vida moderna a menudo nos sumerge en culturas ajenas, en el mundo de la publicidad y la televisión, que apoya valores más superficiales y materialistas. Nos aleja de ese ambiente hogareño y quizá pueblerino donde los refranes de la abuela eran un lenguaje que todos comprendíamos.

Al compilar estos refranes, Luz María nos abre una ventana a esta rica tradición, nos presenta toda una gama de frases populares y refranes que entran como brisa refrescante al rápido ritmo de nuestra vida moderna.

Graciela Frisbie

Contenido

A

A caballo regalado no se le ve el colmillo.	Al aceptar un regalo no se le busca la calidad.
A cada capillita se le llega su fiestecita.	Tarde o temprano, cada ser humano pasa por iguales o similares circunstancias.
A cada edad, lo suyo.	Es necesario tener un equilibrado sentido de autocrítica y ubicarse prudentemente en la edad que se tiene.
A darle, que es mole de olla.	Dar inicio de inmediato.
A Dios rogando y con el mazo dando.	Encomendarse a Dios y esforzarse para seguir adelante.
A falta de pan, tortillas.	Conformarse con lo que se tenga, aunque sea sencillo.
A golpes, pero se aprende.	Las cosas se aprenden muchas veces con gran dificultad.
A grandes males, grandes remedios.	Algunas veces para llegar a una solución, habrá que tomar decisiones radicales.
A gritos y sombrerazos, pero lo logré.	Con mucho esfuerzo y trabajo, pero se logró el éxito.
A la culpa le sigue la disculpa.	Quien tiene un sentimiento de culpa, busca la manera de disculparse o compensar el daño.

A la fuerza ni los zapatos entran.	Las cosas a la fuerza nunca tienen buen resultado.
A la gorra no hay quien corra.	Cuando las cosas son gratis, nadie se niega a aceptarlas.
A la mejor guisandera se le va un ajo entero.	Aunque se tenga mucha práctica y experiencia, pueden cometerse errores.
A la tela más fina le cae la mancha.	Aunque se extremen medidas en el cuidado de algo, sucede un accidente inesperado. O bien se aplica en el sentido de que aunque la persona sea capaz y erudita, en algo se ha de equivocar.
A la tercera va la vencida y en la cuarta va la vida.	Actuamos a veces no con tenacidad, sino con necedad, corriendo graves peligros.
A la tierra que fueres, haz lo que vieres.	Cada lugar o región tiene sus propias costumbres, a las que hay que adaptarse cuando se esté ahí.
A las diez en la cama estés, mejor antes que después.	Bueno y sano hábito que nos asegura un suficiente tiempo de descanso.
A lo hecho, pecho.	Debemos afrontar las consecuencias de nuestras propias acciones.

A lo que te truje, Chencha.	Una vez que está todo listo, proceder de inmediato a trabajar en el plan que se tenía contemplado.
A más no haber, acostarse con su mujer.	Aceptar de conformidad la propia situación.
A misa y a comer, acudir a la primer llamada.	Ser responsablemente puntual con los compromisos adquiridos.
A ningún cojo se le olvidan las muletas.	Nadie deja de lado lo que prioritariamente le es necesario.
A ojo de buen cubero.	Un cálculo basado sólo en la observación.
A palabras de borracho, oídos de cantinero.	Hacer caso omiso a lo dicho por personas sin educación, o que se encuentran bajo la influencia del alcohol.
A palabras necias, oídos sordos.	El mismo sentido que el anterior.
A preguntas tontas, respuestas tontas.	Hacemos preguntas absurdas, aun cuando la respuesta salta a la vista, y corremos el riesgo de recibir una contestación que nos haga quedar en ridículo.
A qué burro le jalan los pelos que no respingue.	Generalmente la persona que es molestada, manifiesta su disgusto.

A qué le tiras, mexicano, cuando sueñas.	Nuestra idiosincrasia nos lleva a soñar en utopías, dejando de lado el trabajo serio y responsable, por lo que aspiramos.
A quien anda entre cera, algo se le ha de pegar.	Al comprometerse o involucrarse en algún grupo, necesariamente se adoptarán sus ideas. Es recomendable elegir grupos constructivos y positivos.
A quien la suerte le falta, la vida le sobra.	Aprovechar la vida, trabajando y esforzándose, que ya la suerte será el equivalente del éxito.
¿A quién le dan pan, que llore?	Nadie se resiste a lo que con facilidad se le brinda.
A quien lo suyo no lo defiende, Dios la espalda le vuelve.	No esperemos que Dios proteja lo que Él ha confiado a nuestro cuidado, y bajo nuestra responsabilidad.
A quien mucho gasta, se le acaba la pasta.	Es una advertencia para administrar con mesura los bienes que se tengan.
A río revuelto ganancia de pescadores.	Cuando hay partes en conflicto, siempre surge alguien astuto que se aprovecha de la ocasión para beneficio propio.

A ti te lo digo mi hija, entiéndelo tú mi nuera.	Cuando no se tiene el valor civil para decir las cosas directo a una persona, y se emplea a un tercero para que el verdadero aludido entienda el mensaje. En nuestra coloquial forma de hablar, lo llamamos "chifleta".
A todos se los pasa a cuchillo.	A todos les saca ventaja, no deja a nadie sin utilizar.
A tu amigo pélale el higo y a tu enemigo el durazno.	Antiguamente se creía que el pellejo que cubre el higo causaba infección intestinal, lo contrario de la cáscara del durazno, considerada entonces como ayuda para digerir este fruto que se pensaba de dura digestión. Lo aplicamos cuando se habla de ayudar al amigo y perjudicar al enemigo.
A un clavo ardiendo se agarra quien se está hundiendo.	Ante una situación desesperante, tomamos lo que creemos es una solución, sin ver que nos resultará peor.
A ver si como ronca, duerme.	Ponemos a prueba a quien hace alarde de ser muy eficiente.
Ábranse piojos, que ahí les va el peine.	Abran paso.

Acércate más y más, y en la trompa te darás. Frase en verso que muchos camioneros hacen pintar en la defensa trasera de sus camiones, y que es una advertencia para los automovilistas que vienen detrás.

¿Adónde con tanto sol y sin sombrero? (De día) interesándose por la prisa que sin motivo aparente tiene una persona.

¿Adónde vas, que te vayan a ver? Se le da el mismo uso que el anterior.

Afortunado en el juego, desafortunado en el amor. Una "sentencia" que se le dice a una persona que con bastante frecuencia se lleva premios en rifas o loterías.

Agarrar el dedo contra la puerta. Cuando nos ponen en una situación embarazosa de muy difícil escapatoria.

Agarrar el toro por los cuernos. Afrontar valientemente una difícil situación, y atenerse a las consecuencias.

Agua que no has de beber, déjala correr. No estorbemos reteniendo lo que no hemos de aprovechar.

Ahora es cuándo, chile verde, le has de dar sabor al caldo. Es la oportunidad para demostrar tus habilidades.

Ahora que entierran gratis, vámonos muriendo todos. Aprovechemos las ventajas que se nos presentan.

Ahora resulta que a "Chuchita" la bolsearon	Con ironía protestamos cuando no creemos en los pretextos que nos ponen para incumplir lo pactado. O bien cuando sentimos que hemos sido burlados.
Ahora sí se le apareció Juan Diego sin la Virgen.	Ahora sí le van a dar su merecido.
Ajonjolí de todos los moles.	Dícese de la persona que entrometidamente está presente en todo sin que la inviten.
Al bien buscarlo y al mal esperarlo.	Trabajar por las buenas aspiraciones, ya que las desgracias nos llegan sin buscarlas.
Al buen entendedor pocas palabras bastan.	La persona inteligente no necesita de muchas explicaciones para entender de lo que se le habla.
Al desafortunado poco le vale ser esforzado.	Quien tiene una baja autoestima, pretexta ser desafortunado, esgrimiendo una actitud conformista, y no se esfuerza por trazarse metas y alcanzarlas.
Al enemigo que huye, ponle puente de plata.	De plata o de oro, de lo mejor que puedas, pero facilítale la huida a tu enemigo.
Al mal paso, darle prisa.	Apresurarse a terminar una tarea no grata.

Al mal tiempo, buena cara.	Aunque nuestra situación sea adversa, aceptémosla con buen ánimo y disposición, así nos será más soportable.
Al malo palo y al enfermo regalo.	Quien actúa mal tendrá en ello su consecuencia, y el enfermo obediente encontrará su bienestar.
Al mejor cazador se le va la liebre.	Aunque se tenga gran destreza y eficiencia, no se descarta la posibilidad de errar.
Al niño corrígele con cariño.	El niño entiende si se le explica con cariño y comprensión, además de brindarle apoyo.
Al niño llorón, boca abajo y coscorrón.	Para un niño mimado y encaprichado, a veces es conveniente una buena nalgadita, para hacerle recapacitar.
Al nopal sólo lo van a ver cuando tiene tunas.	Ocasionalmente visitamos a alguien por la conveniencia de lo que de esa persona podemos obtener.
Al ojo del amo engorda el caballo.	Nuestras posesiones aumentarán si como dueños evitamos descuidos.
Al pan, pan; y al vino, vino	Con tacto y sencillez, ser auténtico, sin ser grosero, y decir las cosas claras y con honestidad.
Al perro más flaco se le cargan más las pulgas.	Cuando se muestra debilidad de carácter, se queda expuesto al abuso de los demás.

Al que Dios no le dio hijos, el diablo le dio cosijos.	Quien por causas ajenas sufre las consecuencias que no derivan de su propia situación.
Al que le toca ser pobre, aunque corra o se quede sentado.	Si estás convencido de que no podrás salir de tu pobreza, no harás ningún intento por salir adelante y cambiar tu situación.
Al que madruga, Dios le ayuda.	Con inteligencia y sagacidad hay que adelantarse a los acontecimientos.
Al que no quiera taza de caldo, sírvanle taza y media.	Un medio de coacción para doblegar la voluntad del obstinado, después de haber intentado diferentes alternativas menos drásticas.
Al que te quiera comer, almuérzalo; quien te ha de cenar, meriéndalo.	Adelantarse previendo el ataque de la contraparte, y con inteligencia tomar las medidas precautorias para evitar ser dañado.
Al son que me tocan bailo.	Quien tiene una actitud positiva y con seguridad afronta cualquier situación, por difícil que parezca, poniendo en ello su mejor esfuerzo.
Al trabajo y a los golpes, no cualquiera le entra.	Nos gusta obtener las cosas fáciles y sin esfuerzo.
Alábate burro viejo, que no hay quién te alabe.	Quien a sí mismo se enaltece.

Alegre el indio y le dan maracas.	A quien se hace notar por su alocada e irreflexible forma de ser, y le proporcionan más elementos para comportarse peor.
Algo es algo, dijo el diablo y cargó con un Obispo.	Satisfacer una apremiante necesidad con lo que se tenga a mano.
Algún día los pobres comerán pan y los ricos puro bolillo.	(El bolillo es el pan más barato) Con esta frase manifestamos la esperanza de que las cosas mejoren para los que menos tienen.
Amar a Dios en tierra de indios.	Indica el grado de dificultad al que habrá de enfrentarse la persona que tenga educación y calidad humana, ante quienes carecen de estos valores, y además en un ambiente totalmente adverso y hostil.
Amarrar navajas.	Cuando personas con mala intención, acostumbran azuzar a una persona contra otra.
Amigo conciliado, enemigo doblegado.	Tu amigo puede ser tu peor enemigo, y en caso de surgir algún mal entendido o desavenencia, es mejor confrontarlo y procurar una actitud conciliatoria.
Amigo de todos, amigo de nadie.	La amistad tiene varios campos y no es posible brindar a todos la misma confianza y amistad.

Amistad con el yerno, tan cálida como el sol en invierno.	Sobre lo tibio que generalmente es la relación entre suegros y yernos, o suegras y nueras.
Amistades que son ciertas, siempre las puertas abiertas.	Cuando estamos ciertos de una verdadera amistad, no cabrá nunca la desconfianza.
Amistades y tejas, las mejores las más viejas.	Cuando los años han acrisolado y puesto a prueba una amistad y ésta perdura, nos resulta invaluable.
Amor con amor se paga.	Recomienda corresponder en la misma medida en que uno es tratado.
Amor con casada, vida arriesgada.	Es muy claro este texto, pues no se puede vivir ese amor en paz; ni tampoco tendrá futuro.
Amor no quita conocimiento.	Aun cuando amemos a una persona, nuestra familia, hijos, etc., esto no impide que la razón nos haga reconocer sus defectos.
Amor y cuidado no pueden ser disimulados.	Inconscientemente denotamos nuestro amor e interés por algo o por alguien.

Anda a que te ribeteen, que te estás deshilachando.	Cuando alguien nos colma la paciencia y deseamos que de inmediato se desaparezca y nos deje tranquilos. También puede aplicarse a algún amigo de nuestra confianza que vemos en mal estado de salud y le conminamos a practicarse un riguroso examen médico.
Anda buscando muertos para beber atole.	El oportunista que busca ocasiones para obtener beneficios.
Anda como el diablo en el panteón, de tarugo entre los muertos.	Quien tontamente pierde el tiempo donde no obtendrá ningún éxito.
Anda como Serafina, de la sala a la cocina.	La persona nerviosa e inquieta que va de un lado a otro en una situación de espera.
Anda del "tingo" al "tango".	Una persona hiperactiva a quien se le dificulta poner un alto a su alocado ir y venir.
Ándeme yo caliente, y ríase la gente.	Se prefiere la propia comodidad, sin preocuparse si el atuendo merece la aprobación de los demás.
Animal viejo no aprende nuevas mañas.	Cuando se es de edad mayor, es difícil aprender cosas nuevas, diferentes a lo ya conocido, principalmente cuando ha transcurrido mucho tiempo sin fomentar el hábito del estudio.

Ante el menesteroso no te muestres dichoso.	Sería cruel mostrarse ostentoso ante quien carece hasta de lo más indispensable.
Ante tanta insistencia, queda poca resistencia.	Si nos invitan a lo que nos es muy grato, será difícil negarnos.
Antes de buscar al ladrón hay que investigar a los allegados.	Una llamada de alerta para prevenir los abusos de confianza.
Antes de que te cases, mira lo que haces.	Al elegir este estado de suma responsabilidad, es menester auto analizarse y evaluar al futuro cónyuge, en su justa realidad.
Antes faltarán lágrimas que motivos para derramarlas.	Superar las penas sin llorar, porque siempre ellas serán más que las lágrimas que podamos derramar. Además de que así no resolveremos nada.
Año de nones, año de dones.	Refrán antiguo y popular en que se creía que si la terminación del año era número non, sería benéfico en todos aspectos.
Apenas le dicen "mi alma" y enseguida pide su casa aparte.	La persona que ante una pequeñísima insinuación ya da por hechas las cosas, y empieza a planear sin bases.
Aprendiz de todo y oficial de nada.	Persona que sabe un poco de todo, pero no lleva a cabo el total aprendizaje de algo.

Aquí la vamos llevando, ratos a pie y ratos andando.

El esfuerzo por seguir adelante en nuestro diario vivir.

Aquí hay gato encerrado.

La suspicacia nos lleva a pensar que ante lo que se nos presenta, hay algo que no está claro y despierta nuestras sospechas.

Aquí se rompió una taza y cada quien para su casa.

Al terminar una agradable reunión, podemos citar esta frase como una forma de despedirse con buen humor.

Aquí yaces y haces bien, tú descansas y yo también.

Una relación terriblemente insostenible en una pareja, a la que le sobreviene el fallecimiento de una de las partes.

Árbol que crece torcido, jamás su tronco endereza.

Si el correctivo no se aplica a tiempo, será imposible que las cosas se compongan después.

Armas y dinero, buen manejo han de requerir.

Ya que son cosas de sumo cuidado, requieren de gran mesura y cuidado.

Arrastrando, arrastrando, el caracol se va caminando.

Con constancia, paciencia y diligencia, las cosas avanzarán con seguridad.

Arriba de las nubes el sol sigue brillando.

Los sufrimientos y los obstáculos son pasajeros, y es mejor pensar que pronto pasarán y el panorama será diferente.

Arrieros somos y en el camino andamos.	Todos somos humanos y podemos encontrarnos en iguales circunstancias.
Así sí baila m'hija con el "siñor".	Ahora sí estamos de acuerdo, me conviene tu oferta.
Aunque la jaula sea de oro, no deja de ser prisión.	Una vida sencilla nos da una gran libertad, mientras que la opulencia o el poder, casi siempre se convierten en una verdadera prisión.
Aunque provenga de manos asquerosas, el dinero siempre huele a rosas.	El atractivo que ejerce en nosotros el dinero, aunque venga envuelto en repugnante apariencia, o sea de dudosa procedencia.
Ay, Diosito, si en la borrachera te ofendo, en la cruda me sales debiendo.	Las consecuencias que sufre el ebrio pasada su borrachera.
Ayer entró rogando y hoy se encuentra mandando.	En un grupo o empleo se recibe a una persona quien muestra una aparente actitud de adaptabilidad, pero en la menor oportunidad dejará ver su prepotente realidad.
Ayúdate tú y Dios te ayudará.	No esperemos que Dios haga las cosas, pues ya nos ha ayudado dándonos los elementos para llevar a buen término nuestros planes.
Ayúdate y serán dos, pues contigo está Dios.	La misma aplicación que el anterior.

B

Baila en el muerto y en los cuatro que lo llevan.	Quien ante una contrariedad no controla su mal carácter y descarga su furia en culpables e inocentes, por igual.
Bájate del tabique, porque te estás mareando.	Quien por encontrarse en una posición relativamente importante, se siente muy superior a los demás.
Barriga llena, corazón contento.	Satisfecho nuestro apetito, somos más accesibles.
Bien haya lo bien parido, que ni trabajo da criarlo.	El orgullo de una madre a quien Dios le concede un hijo maravilloso.
Bien sé de qué pié cojea.	Cuando conocemos bien a una persona, sabemos cuál es su punto débil.
Buena conciencia, es dar con prudencia.	Observar una actitud pródiga, pero también prudente y mesurada.
Buenas noches, buenos días; tú en tu casa y yo en la mía.	Guardar una sana distancia en nuestro entorno, para evitarse conflictos.
Bueno es que coma la mona, pero no que todo se lo coma.	Evitar que alguien abuse, sin tomar en cuenta a los demás.

Busca los mejores bienes, que dentro de ti los tienes.	Tenemos siempre un gran potencial que Dios nos ha dado, pero en vez de buscarlo en nuestro interior, tendemos a buscarlo fuera de nosotros.
Busca trabajo, rogando a Dios no hallarlo.	Quien da la apariencia de buscar trabajo, pero en su interior le invade la flojera, pone pretextos y evita comprometerse.

C

Caballo grande, aunque no ande.	Una marcada preferencia hacia la abundancia, por encima de la calidad.
Cabeza calva, peinada desde el alba.	Las personas que carecen de pelo o tienen poco, no pasan apuros por el peinado; también se refiere a la persona previsora que todo lo tiene preparado antes de que se necesite.
Cada cabeza es un mundo.	Cada quien piensa diferente.
Cada cosa se parece a su dueño.	Inconscientemente, nuestras posesiones guardan una identificación con nuestra personalidad.
Cada chango a su mecate.	Se refiere a la ubicación de las personas. Cada quien a su puesto, al lugar que le haya tocado, o a sus asuntos.

Cada día es discípulo del precedente y maestro del siguiente.	Tomamos experiencia de lo que nos aconteció en el ayer y actuamos con prudencia en el presente y hacia el futuro.
Cada día se aprende algo nuevo.	Asimilando cada nuevo conocimiento, es así como crecemos en nuestro interior.
Cada día trae su porfía, y cada año, mil desengaños.	Constancia en el esfuerzo diario, estando conscientes de que tendremos desengaños, pues las cosas no dependen siempre de nosotros.
Cada día un grano pon, y harás un montón.	Esta frase promueve el ahorro, la disciplina y la constancia.
Cada loco con su tema.	Cuando dos personas tratan de establecer una conversación, pero cada una se refiere a su propio tema.
Cada oveja, con su pareja.	Ubicarse en el lugar o compañía similar y que guarde afinidad con nosotros.
Cada quién habla como le va en la feria.	Los seres humanos tenemos diferentes impresiones acerca de las mismas situaciones vividas.
Cada quien mira por sí, y Dios por todos.	Confiemos en el cuidado divino, pero estemos conscientes de que esa confianza no nos exime de poner nuestro mejor esfuerzo en lo que emprendamos.

Cada quien sabe lo que carga su morral.	Cada ser humano está consciente en su interior de todas las situaciones que ha vivido.
Cada quien teje la cuerda con que se quiere ahorcar.	Cada individuo, consciente o inconscientemente, crea sus propios problemas.
Cada quien tiene su método de matar pulgas.	Cada persona es individual y única, por lo que tiene su propia forma de resolver los problemas.
Cada uno en su casa y Dios en la de todos.	Mantener una sana y prudente distancia en relación con las personas de nuestro entorno.
Cae más pronto un hablador que un cojo.	Nos enorgullecemos de proclamar que no cometeremos tal o cual error que hayamos visto en alguien; y en el futuro comprobamos que incurrimos en el mismo error que en un principio censuramos.
Calma, calma, y la Patria se salva.	Con paz y tranquilidad, hasta lo más complicado se resuelve.
Camarón que se duerme, se lo lleva la corriente. O bien: "Camarón que se duerme, amanece en el coctel".	Advierte la necesidad de concentrarnos en nuestros actos, evitando descuidos, que pueden ser muy lamentables.
Candil de la calle y oscuridad de su casa.	Aplicable a quien es pródigo y muy solícito con los extraños, y en casa se comporta en forma totalmente opuesta.

Canta y verás que tus males espantas.	Con actitud positiva no vemos tan negativa la situación por la que nos toca pasar.
Cantando, vamos los males disminuyendo.	Conservar en todo momento una actitud positiva, que nos ayudará a minimizar y razonar los problemas para encontrar la mejor solución.
Caras vemos, corazones no sabemos.	No es posible conocer internamente a alguien, con sólo verle en persona.
Casa no guardada, pronto robada.	Independiente de lo obvio del texto, también llama a la prudencia, si se tiene una personalidad extrovertida.
Cásate por interés y me lo dirás después.	Es menos que imposible el éxito de una pareja cuya unión se basa en conveniencias materiales y no en un sincero amor.
Cásate y conocerán tus defectos, muérete y conocerán tus cualidades.	Con frecuencia, por envidia se critican los defectos de quien contrae matrimonio. En cambio, cuando se trata de un muerto evitamos las críticas y callamos sus defectos a los que en vida hicimos alusión, y comentamos las cualidades que en vida le negamos.
Cayendo el muerto y soltando el llanto.	Al comprar algo, se cubre de inmediato el pago, con efectivo, documentos o permuta.

Cayó en blandito.	Quien estando hundido en su desgracia, encuentra una mano que lo rescata y le prodiga todos los bienes; ya se trate de adopciones de niños o mascotas. O bien el tener la suerte de que en el trabajo nos cambien a un puesto mejor, porque el nuevo jefe tiene confianza en nosotros.
Cedacito nuevo, dónde te pondré. Cedacito viejo, dónde te aventaré.	Sucede en primer lugar por la novedad, y redunda en un mal pago por un buen servicio de largo tiempo.
Celos y envidia, quitan al hombre la vida.	Son sentimientos insoportables en cualquier relación humana, acaban con la amistad, relaciones de trabajo o con el amor de una pareja.
Celoso de la honra y desentendido del gasto.	Los esposos desobligados, pero eso sí, ¡muy celosos!
Cielo aborregado, suelo mojado.	Antigua guía en el ambiente campirano, que actualmente ya no es confiable.
Colmar el plato.	Cuando se termina la paciencia y la tolerancia.
Como a cualquier hijo de vecino.	Se dice de un trato igualitario que se da a todos, para no hacer distinciones que ocasionen problemas.

Como dijo el búho: "no se pudo".	Bromeando lo decimos cuando fracasamos en nuestro intento de lograr algo.
Como dijo la tortuga, "Si están hablando de mí, no voy".	Con estas palabras censuramos el comportamiento extremadamente lento de una persona que nos hace desesperar.
Como dijo la tortuga: "la culpa la tienen las malditas prisas".	Cuando por la premura nos ocurre algo imprevisto, ocasionando retraso a nuestros compromisos, y lo cubrimos con sentido humorístico.
Como dueño de tu atole, puedes menearlo con el pie.	Cualquier propietario puede hacer lo que se le antoje con sus pertenencias, siempre y cuando no perjudique a los demás.
Cómo que se murió, si me debía.	Cuando damos por cierto, por hecho, por finiquitado, algún pendiente o trámite con otra persona, y resulta que ésta nos falló y nos ocasionó problemas.
Como te veo me vi, como me ves te verás.	Sentencia para jóvenes que menosprecian o rechazan a gente de edad mayor. Censura las actitudes agresivas de personas de mediana edad, que a futuro también recibirán el mismo trato que dan.
Compañía de dos: mi sombra o mi perro y yo.	Expresión de frustración cuando han defraudado nuestra confianza personas que aparentaban estimarnos.

Con amigos como éstos, para qué quiero enemigos.	Como respuesta a los perjuicios que nos ocasiona una mala amistad.
Con ayuda del vecino, mató mi padre un cochino.	Cuando recibimos una invaluable ayuda que en algún momento nos saca adelante en una situación muy difícil.
Con buen vendedor se vende bien hasta lo peor.	Ya que éste sabrá abrillantar lo que pretenda vender, aunque no lo valga.
Con diligencia hay que conservar lo que con la experiencia se alcanza.	Conservar una actitud diligente para conservar en pie lo que con esfuerzo hemos logrado.
Con dinero baila el perro, y sin dinero bailamos como perro.	Antiguamente había perritos cuyos dueños los entrenaban para hacer actos graciosos en las esquinas de las calles y obtener ingresos por ello. Del lado del animalito es aplicable la parte final de la frase que se explica, ya que sin dinero había que bailar.
Con dinero no se olvidan los encargos.	Fácilmente hacemos encargos a quien se ausenta en un envidiable viaje, pero no le damos el importe de dichos encargos, corriendo el riesgo de que no obtengamos lo que encargamos.
Con Dios voy; mis obras dirán quién soy.	Si toda acción o decisión la tomamos ante Dios de corazón, seguro no nos equivocaremos.

Con disimulo y paciencia, resulta la mejor ciencia.

Con una actitud positiva y con mesura, se actúa con sabiduría.

Con dos que se quieran, con uno que coma basta.

Se lo decimos a una pareja cuando vemos el gran amor que se tienen uno al otro.

Con dulce y manteca, hasta las piedras son buenas.

Elementos que son indispensables en toda cocina para hacer una delicia de cualquier platillo, por sencillo que éste sea.

Con el tiempo y un ganchito, hasta las verdes se alcanzan.

Un reconocimiento a la tenacidad, constancia y paciencia.

Con esos truenos, quién duerme.

Refiriéndonos a quien nos hace difícil la existencia en la familia o en el trabajo con fuertes y continuas indirectas, manifestándonos su constante fastidio.

Con estos bueyes hay que arar, comenzando con el buey de uno mismo.

Aceptar nuestros propios errores y los de los demás, y buscar el diálogo y la comunicación en nuestro entorno.

Con la edad se tiene la habilidad.

Es el resultado de la responsabilidad, constancia y diligencia llevadas a cabo durante los años de toda una vida.

Con la vara que mides, serás medido.

En el presente o en el futuro, como tratemos, así seremos tratados.

Con mucha hambre no hay pan duro.	Cuando estamos carentes de algo, no siempre se trata de alimento, puede ser trabajo, aceptamos cualquier cosa, por sencilla que sea.
Con niños ni a bañarse, porque pierden el jabón.	Los niños son impredecibles y sorprenden a cada momento, por lo que no hay que exponerse a un descuido.
Con paciencia todo se obtiene y sin ella todo se pierde.	Con una actitud alegre, positiva y paciente, se obtienen los logros que se persiguen.
Con qué ojos divina tuerta.	Con qué dinero compro, si no lo tengo.
Con salud y dinero, todo es llevadero.	Una situación así, nos permite lograr nuestros objetivos.
Conciencia pura, hambre segura.	De lo contrario, la angustia, el remordimiento y desasosiego, no nos permitirán vivir en paz.
Confía sólo en dos: en Dios y en ti.	Dios es el único a quien podemos abrir nuestro interior con plena confianza.
Consejo es de sabios, perdonar las injurias y olvidar los agravios.	Con esta actitud se obtiene una gran paz, que redunda en un crecimiento interior.
Consultar los problemas con la almohada.	Costumbre de muchas personas, que lo único que logran es tener insomnio.

Contra ruin negligencia, generosa diligencia.	Un llamado a sacudir la pereza con motivación y trabajo, que en sí llevarán su recompensa.
Costumbres derogan leyes.	En un pueblo cuando se extiende alguna costumbre, es necesario renovar o abolir la legislación existente. También aplicable para la humanidad entera.
Crea fama y échate a dormir.	La sociedad tiende a "etiquetarnos" con un calificativo que llevaremos de por vida, aunque el suceso (acierto o error) haya tenido lugar una sola vez.
Cría cuervos y te sacarán los ojos.	Si no siembras valores humanos en tu hijo o en un niño a tu cuidado, acarrearás su desgracia y la tuya.
Criados (sirvientes): enemigos pagados.	La servidumbre difícilmente está contenta, es posible que ese descontento provenga de un complejo de inferioridad, respecto a sus patrones, o el trato que de ellos reciben.
Cuando anda la cabeza al revés, ¿cómo andarán los pies?	La persona que actúa irreflexivamente, y en consecuencia comete un sinnúmero de errores.
Cuando chilla la sartén, buen día parece ser.	Cuando se disfruta de una situación de abundancia, aunque sea temporal, se olvidan los días de resultados adversos.

Cuando dicen que el perro tiene rabia, o la tiene o le quiere dar.	Los rumores, cuando son fuertes y constantes, resultan ser realidades.
Cuando digo que la burra es parda, es porque tengo los pelos en la mano.	Si defiendo con vehemencia mi opinión, es porque tengo pruebas fehacientes para comprobar que tengo la razón.
Cuando Dios da la llaga, da la medicina.	Dios nos envía retos, pero contamos con los elementos que simultáneamente nos da para salir adelante.
Cuando el diablo mete la cola, se sala la sopa.	Es difícil que dos personas, de gustos diferentes, coordinen algo; mejor dejar que una sola haga las cosas.
Cuando el diablo viejo se ve, se mete a hombre de bien.	Una persona que en su juventud llevó una mala vida, en su ocaso puede ser tocada por la gracia de Dios y llevar a cabo un cambio radical. Dios tiene nuestros tiempos en sus manos.
Cuando el dinero habla, todos callan.	El dinero parece comprarlo todo y hace trastabillar las buenas conciencias y propósitos.
Cuando el gato no está, los ratones andan de recreo.	Hay una sensación de liberación cuando la autoridad no está presente. Se refiere por lo general a los empleados de alguna empresa.

Cuando el pobre le da al rico, hasta el diablo se ríe.

Si el pobre prescinde de lo indispensable para obsequiarlo a alguien que no lo necesita, tan sólo por interés de obtener algo, está muy equivocado porque el rico no se conmoverá de su pobreza, pues está muy ocupado en cuidar su riqueza.

Cuando el río suena, es que agua lleva

A veces son tan repetidos los rumores, que son índices de realidades irrefutables.

Cuando la partera es mala, le echa la culpa al escuincle.

Difícilmente admitimos nuestra ineptitud y buscamos a quien culpar.

Cuando la perra es brava, hasta a los de la casa muerde.

No importa el parentesco o amistad, si el protagonista es sumamente agresivo, y además necio, defenderá su razón o su sin razón, y no mide el perjuicio que puede ocasionar a los demás, incluyendo familiares.

Cuando los ladrones se pelean, se descubren los hurtos.

Cuando se confabulan varias personas en una mala acción, y hay alguien en desacuerdo, todo les redunda en un fracaso.

Cuando no es necesario, lo barato resulta caro.

Cuando se compra algo que no es necesario, por muy buena oferta que parezca, desestabiliza el presupuesto, haciéndonos pasar apuros económicos posteriormente.

Cuando no hay jamón ni lomo, de todo como.	Ante la carencia de alimentos todo lo que pueda comerse resulta tener buen sabor. Cuando no se tiene trabajo y sí mucha necesidad, se acepta cualquier cosa por sencilla que sea.
Cuando no le llueve, le llovizna.	Aplicable a quien está pasando por una racha de sucesos no deseados, en cuanto a salud, familia, dinero o trabajo.
Cuando te den, extiende la mano.	Nunca desprecies la generosidad de quien te brinda algo de corazón.
Cuando te toca aunque te quites. Cuando no te toca, aunque te pongas.	Se trata de lo que el destino nos depara; también lo aplicamos al momento final de nuestro ciclo de vida.
Cuando un ciego guía a otro ciego, los dos caen al abismo.	Dos personas que pretenden llevar a cabo un plan y carecen de nociones para la realización, son presagio de un rotundo fracaso.
Cuando veas a tu vecino rasurar, pon tus barbas a remojar.	Si en nuestro entorno algo afecta a nuestros vecinos o familiares, hay que prepararnos para afrontar nuestro turno.
Cuando yo apenas voy, tú ya vienes.	Generalmente se aplica cuando admitimos que alguien más joven que nosotros nos aventaja en experiencia, conocimientos y malicia.

Cuando yo tenía dinero, me llamaban "Don Tomás", y ahora que no lo tengo, me llaman "Tomás", nomás.	En nuestra sociedad, el dinero compra casi todo, incluyendo distintivos y títulos nobiliarios.
Cuánta carne, y yo sin dientes.	Asombro ante la abundancia y no tener posibilidad de adquisición.
Cuánta herramienta, y yo sin hacer nada.	Cuando vemos a otras personas favorecidas con oportunidad de trabajo, estando conscientes de que nosotros tenemos mayor capacidad, pero la oportunidad no es nuestra en ese momento.
Cuánto tienes, cuánto vales.	El mundo desgraciadamente nos valora desde el punto de vista material, según nuestras posesiones.
Cuántos perros para un solo hueso.	Cuando muchos agreden a uno solo, o se confabulan en su contra. Otro sentido sería: muchos solicitantes para una vacante.
Cuenta tus pollos sólo hasta que rompan el cascarón.	No adelantes éxitos, sino hasta que veas poco a poco los logros que vas alcanzando.
Cuentas claras, amistades largas.	En toda buena y sincera amistad, debe haber sobre todo gran transparencia; lo cual conlleva al crecimiento e intensificación de dicha amistad.

Cuesta más una gorra que un sombrero galoneado.	A veces recibimos invitaciones gratis, que luego lamentamos haber aceptado porque resultamos comprometidos en algo no previsto; o bien, si recibimos invitación a comer y no nos comportamos con mesura, resultaremos enfermos.
Cuida los tostones y descuida los pesos.	Quien pone especial cuidado en nimiedades, y no presta atención a cosas de más importancia o valor.
Cuida más de tu conciencia que de tu inteligencia.	Este consejo nos subraya la gran importancia que tiene el cuidado de una buena conciencia.
Chisme caliente que quema a la gente.	Todo chisme es cáustico y afecta a personas muchas veces inocentes.
Chitón, que escucha el soplón.	Pedimos guardar silencio antes de tratar temas delicados en presencia de personas indiscretas.
Chivo brincado, chivo pagado.	Una vez entregada la mercancía, el pago debe ser de inmediato.
Chivo que rompe tambor, con su pellejo lo paga.	Quien ocasione daños en propiedad ajena, deberá responder por ellos.

D

Da más trabajo vivir mal que vivir bien.	Comportarnos morosos e irresponsables con las propias obligaciones, nos acarrea más problemas.
Dame el remedio, el trapito, y úntamelo tantito.	La persona que espera que otro solucione sus problemas, sin poner de su parte ningún esfuerzo.
Dando y dando, pajarito volando.	Que el pago y la entrega de lo comprado se hagan simultáneamente.
Dar atole con el dedo.	Engañar.
Dar gato por liebre.	Defraudar entregando algo de mucho menor calidad que lo pactado.
Darle tiempo al tiempo.	Tener paciencia, pues el tiempo todo lo resuelve.
Date a desear y olerás a poleo, date a ver cada rato y olerás a caca de gato.	Las visitas debemos hacerlas en tiempo y forma prudentes evitando causar molestias.
De amigos de muchos años vienen los desengaños.	Aun amistades de muchos años, pueden defraudarnos. Es nuestra condición humana.
De dos que estén por pelearse, con uno que no quiera basta.	Una invitación para evitar conflictos y propiciar una reconciliación.

De esas pulgas no brincan en mi petate.	("Petate", tejido de palma que la gente del campo tendía en el suelo para dormir). Se entiende como una aceptación y resignación de lo que deseamos, pero que se encuentra fuera de nuestro alcance y muy por encima de nuestras posibilidades.
De grano en grano llena la gallina el buche.	Una invitación a cultivar el sano hábito del ahorro.
De la desconfianza nace la seguridad.	Actuando con prudencia, analizando y asegurándonos en todo, nos evitaremos desagradables sorpresas y dolores de cabeza.
De la discusión nace la luz.	Son muy constructivas las discusiones que se concretan objetivamente a buscar soluciones, sin apasionamientos que puedan entorpecer la claridad de opinión.
De la moda lo que acomoda.	Una buena autocrítica acerca de lo que de la moda nos queda bien, de acuerdo con nuestra figura y edad, nos hará siempre lucir con distinción.
De la mujer y el dinero, no te burles compañero.	Si se es inteligente, se evitará fanfarronear en estos asuntos, porque las consecuencias serían desastrosas.

De la vista nace el amor.	Lo que nos es grato a la vista es aceptado al momento. Aplicable a un sinnúmero de cosas y situaciones.
De las cosas más seguras, dudar es la más segura.	Vigilar, verificar, constatar, comprobar, nos asegurará gran tranquilidad.
De lengua me como un plato.	La persona que promete mucho o dice tener conocidos en altas esferas, y sabemos de antemano que nada es verdad, que habla sin fundamento.
De lo bueno, poco.	Con poca cantidad es suficiente para aquilatar la calidad.
De lo perdido, lo recuperado es bueno.	Es consuelo no perderlo todo.
De lo que abunda el corazón habla la boca.	En algún momento nos encontramos sobremanera abrumados, e inconscientemente solemos hablar de ello para aligerar nuestro corazón.
De los amigos has de esperar poco; de los desconocidos, todo.	Los amigos por su exceso de confianza pueden ser más falibles, ya que suponen que exageramos y por ello no nos escuchan, o bien su amistad sólo es aparente.
De los arrepentidos se vale Dios.	Utilizamos esta expresión porque es muy sano corregir el rumbo equivocado.

De los cuarenta para arriba, no te mojes la barriga.	Cuando se es muy joven el cuerpo aguanta excesos, lo que no sucede con más edad.
De los males, el menos.	Nos conformamos con resultar lo menos dañados que sea posible.
De los muertos y los ausentes, lo mejor es no hablar.	Se considera censurable la actitud de hablar de la persona ausente o de quien ya ha fallecido.
De los parientes y el sol, entre más lejos mejor.	Muchas veces entre parientes se suceden frecuentes conflictos, por ello es conveniente una sana distancia, si esa es la situación.
De músico, poeta y loco, todos tenemos un poco.	El ser humano tiene capacidad para muchas cosas; si hacemos una introspección descubriremos potenciales que ignorábamos tener.
De padre ahorrador, hijo despilfarrador.	Cuando los hijos del rico, a quienes no se les enseña trabajo y obligaciones, obtienen la herencia y sólo la despilfarran.
De política y religión, lo mejor es no hablar.	De esa forma evitaremos conflictos porque alguna de las partes puede sentirse agredida o lastimada.
De que se muera mi abuela o yo, que se muera mi abuela, que ha vivido más que yo.	Que le suceda a otro, pero no a mí.

De rincón a rincón, todo es colchón.	Cuando invitamos a hospedarse en nuestro hogar a muchas personas, o tenemos visitas inesperadas que sobrepasan nuestra capacidad de albergue, hacemos adaptaciones para su descanso, y podemos aplicar esta frase en forma simpática y en voz alta, lo cual hará sentirse mejor a todos.
De tal palo, tal astilla.	De la misma naturaleza.
De todas maneras, Juan te llamas y Pascasio te apellidas.	De cualquier forma se lleva la de perder.
De todos es la huerta que no tiene barda ni puerta.	Si las cosas están a la disposición de todos, no habrá prejuicio en tomarlas.
De tu dinero no hagas a nadie cajero.	Lo recomendable es cuidar personalmente su manejo.
De tus enojos hago manojos.	Generalmente se aplica en una pareja de novios, cuyos enojos son frecuentes, y muchas veces suceden para provocar una cariñosa reconciliación. O bien, a quien tiene un carácter violento y se molesta por todo con mucha facilidad.
De valientes, limpios y tragones están llenos los panteones.	Le intemperancia cobra caro los excesos.

De ver se antoja.	Nos atrae lo que otro hace, come, viste, etc.
Debo, no niego; pago, no tengo.	Se reconoce y acepta la deuda, pero se carece de medios para subsanarla en el momento.
Debut y despedida.	El plan que llevamos a cabo no cubrió nuestras expectativas, por lo que no volveremos a intentar algo igual o similar.
Del cielo a la tierra no hay nada oculto.	Para Dios nada es oculto.
Del dicho al hecho hay mucho trecho.	Fácilmente se nos va la lengua en proponer soluciones, mas al llevarlas a cabo aparecen las dificultades en las que no habíamos pensado.
Del estómago para arriba: bicarbonato; del estómago para abajo: permanganato.	Para males de estómago, garganta y cabeza es buen medicamento el bicarbonato, pero se dice que en la antigüedad era muy utilizado el permanganato para las enfermedades venéreas.
Del odio nace el amor.	Frecuentemente no es odio, sino temor de aceptar que lo que sentimos es lo opuesto.
Del plato a la boca se cae la sopa.	Estando todo listo, algo puede fallar en el último momento.

Del que dice ser santo, me espanto; pero del pillo no tanto.	Es muy sabio desconfiar del que se presume ser intachable; ya que el que es un pillo nada le importa que por ello se le conozca.
Del uso al abuso sólo hay un paso.	Sin darnos cuenta podemos caer en el abuso, al pedir ayuda de alguien con suma frecuencia.
Desayuna bien, come más, cena poco y vivirás.	Un excelente consejo para una alimentación equilibrada.
Descubrió el agua tibia.	Alguien que se asombra por haber descubierto algo, y que no se ha dado cuenta que ya es de todos conocido.
¿Desde cuándo los patos le tiran a las escopetas?	Algo así sería ilógico totalmente. Lo aplicamos a la persona que corrige o ataca a quien le está por encima en edad y autoridad.
Desde que se inventaron las disculpas se acabaron los tontos.	Con una ingeniosa excusa salimos bien librados de cualquier problema.
Deseando bienes y soportando males se pasan la vida los mortales.	La vida no es un lecho de rosas, es un esfuerzo constante por salir adelante.
Despensa hace cocina, no Serafina.	Aunque la cocinera sepa hacer maravillas culinarias, necesita los elementos necesarios para preparar sus deliciosos platillos.

Después de apedreado, apaleado.	Hay días o temporadas que al tratar de solucionar un mal, caemos en otro peor.
Después de comer, ni un sobre leer.	Debido al proceso de digestión, es recomendable un poco de descanso después de comer.
Después de la tempestad, viene la calma.	La esperanza de que los problemas por los que pasamos pronto tendrán solución.
Después de vejez: viruela.	El adulto mayor muchas veces incurre en actitudes que son propias de una edad menor, lo que le hace quedar en ridículo.
Después del niño ahogado hay que tapar el pozo.	Medidas precautorias que se toman tardíamente, después de que sucedió una desgracia.
Destapar un agujero para tapar otro.	No se da solución a un problema ocasionando otro, sólo se cambiará la preocupación.
Detrás del trueno viene la tempestad.	Un anuncio que nos previene de lo que hemos de afrontar.
Deudas de juego, son deudas de honor.	Tomado literalmente, es de consecuencias terribles no cumplir estos compromisos.
Deudas tengamos, pero amigos seamos.	Ante todo, el respeto a la amistad y comprometerse con honestidad cumpliendo lo pactado.

Deudas tengas y que sean pequeñas.

De esta manera, no crearemos desequilibrio en nuestro presupuesto.

Día de ayuno, largo como ninguno.

Cuando tenemos que sujetarnos a prohibiciones, es muy largo el tiempo que transcurre para llevarlas a cabo.

Día vendrá en el que quien hoy llora cantará.

Después de la lucha por salir adelante en nuestras situaciones adversas, el día vendrá en que haya dicha.

Dicen que la esperanza era verde y se la comió un burro.

Palabras campiranas que denotan la poca fe para encontrar la solución esperada.

Diciendo y haciendo, el tiempo es oro; charlando y durmiendo, el tiempo es lodo.

El tiempo bien empleado nos da óptimos resultados, de lo contrario sólo lo habremos perdido irremediablemente.

Dichoso el amo que tiene un buen perro, pero más dichoso el perro que tiene un buen amo.

La felicidad del animal que es tratado con amor.

Dime con quién andas y te diré quién eres.

Nos hacemos acompañar de personas con las que nos sentimos afines, o a quienes les tenemos gran admiración, pero... ay de nosotros si tienen mala reputación, porque nos juzgarán de igual calaña.

Dime de qué presumes y te diré de qué careces.	Con mucha frecuencia, el ser humano se jacta de lo que dice ser o tener, cuando sólo se reduce a un anhelo interior.
Dinero en mano, chivo fuera.	Ante el propósito de adquirir algo, debe tenerse el dinero suficiente. En general, se refiere a que la compra es de contado.
Dinero guardado, dinero perdido.	El dinero debe invertirse para que produzca frutos, de lo contrario sólo se devaluará.
Dinero y beber, no hay que ofrecer.	Correríamos el riesgo de ser motivo de abusos.
Dinero y más dinero, no hace sabio al majadero.	Puede tenerse fortuna, pero eso no compra la calidad humana, ni los conocimientos.
Dios aprieta, pero no ahorca.	Dios nos pone a prueba para fortalecer nuestra fe, pero nunca nos abandona.
Dios consiente, pero no para siempre.	Dios nos tiene infinita paciencia, pero deja que nos llevemos nuestros descalabros, para que tomemos experiencia.
Dios da nueces a quien carece de dientes.	Sólo Dios sabe por qué permite que sucedan cosas que nos parecen incongruentes; nuestro intelecto nunca comprenderá los planes de Dios.

Dios en el cielo, y en la tierra el dinero.	Las cosas espirituales son muy independientes de las materiales que habremos de emprender; cabe tener un buen discernimiento.
Dios escribe derecho sobre renglones torcidos.	Nuevamente esta frase nos invita a confiar en que Dios sabe su plan, aunque no lo comprendamos.
Dios los hace y ellos se juntan.	Las personas afines siempre se involucran entre sí.
Dios mío, guárdame de mis amigos, que de mis enemigos yo me encargo.	Las decepciones que nos causan supuestas amistades, de quienes no se nos ocurre desconfiar, y cuyas malas intenciones sólo Dios conoce y nos protege.
Dios no cumple antojos ni endereza jorobados.	No es nuestro sirviente, ni está bajo nuestras órdenes.
Dios no les da alas a los alacranes, porque volando picarían.	A las personas de malas intenciones, Dios no les permite llevar a cabo todo el daño que quisieran.
Dios nos hizo en serio, no en serie.	Somos todos diferentes, lo que nos demuestra el cuidado y amor que Dios tiene para cada uno.
Dios nos lo dio, Dios nos lo quitó, sea su nombre bendito.	La difícil conformidad ante la voluntad de Dios en cuanto a la pérdida de un ser querido, o del bienestar del que disfrutábamos.

Dios proveerá.	Si no somos apegados a nuestras pertenencias y actuamos con generosidad, Dios no se quedará atrás sin proveer a nuestras necesidades.
Dios que te bendiga, y a mí que no me olvide.	Ante males recibidos, no deseamos venganza, sólo nos acogemos a la protección de Dios.
Dirás que es de "chía", pero es de "horchata".	Tú dirás lo que quieras, pero yo tengo la razón.
Disimular, buen medio para lograr.	Encubrir los detalles de nuestros planes, para no ser entorpecidos.
Divide y vencerás.	Fórmula para separar uniones que nos perjudican, o no convienen a nuestros planes.
Dolencia larga, muerte en zaga.	Cuando es una enfermedad sin aparente cura ni solución, lo más probable es que esté indicándonos el fin de nuestro ciclo de vida.
Dolor en cuerpo ajeno, es llevadero.	Nunca será posible sentir en nosotros el dolor real de la persona que tenemos enfrente, y de quien nos conmovemos
Donde cae ni zacate nace.	Dícese de quien daña todo lo que está a su alcance.
Donde comen dos, comen tres.	Cuando somos generosos con alguna visita, será amena y suficiente la comida.

Donde entra la maldición no es posible la bendición.	Cuando las cosas desde su inicio están mal, no pueden componerse después.
Donde fuego se hace, humo sale	Cuando se trama algo, siempre hay una señal que lo delata.
Donde hay miel, es seguro que también hay hiel.	La felicidad nunca es completa, hay también amarguras. Es parte de la vida.
Donde hay modo, hasta el codo.	Con facilidad se abusa donde no hay restricciones.
Donde hubo fuego, cenizas quedan.	Un gran amor, cuando termina deja huellas.
Donde lloran, ahí está el muerto.	Cuando una persona no deja de lamentar sus carencias económicas, es que en realidad sí cuenta con posibilidades.
Donde manda capitán, no gobierna marinero.	Un empleado o subalterno no tiene otra opción sino sólo acatar instrucciones para su trabajo; le gusten o no.
Donde menos se espera, salta la liebre.	Cuando menos lo esperamos surge la solución.
Donde pone el ojo, pone la bala.	La tenacidad en lograr lo que se pretende, sin desviar la mira del objetivo.

Donde quiera se tuestan habas, y en mi casa comaladas.	Somos humanos y en cualquier parte se encuentran situaciones similares.
Donde todo falta, Dios asiste.	La dicha de confiar plenamente en Dios, en cuanto a lo que no depende de nosotros.
Dondequiera que fueres, sé tú el que debieres.	Compórtate con autenticidad, respetando y respetándote.
Dos leznas no se pueden picar.	("Lezna", es un instrumento como aguja punzante) Dos personas, de similar carácter: tendenciosas, falsas, agresivas, carentes en general de valores humanos, no se agreden porque se temen.

E

Échale ganas.	Pon tu mayor esfuerzo y con seguridad saldrás adelante.
Échate ese trompo a la uña.	Frase que acostumbran decir algunas personas después de revelar un secreto ajeno y que les parecerá increíble a los demás. También cuando retamos a alguien a llevar a cabo lo que acabamos de hacer y que consideramos una hazaña.
El acomedido siempre queda mal.	Al acomedirnos con frecuencia causamos algún estropicio.

El agua apaga al fuego y al amor los años.	Obviamente el agua termina con el fuego; la frialdad, el tedio, la monotonía, también acabarán con el amor de una pareja si no se pone remedio a tiempo.
El agua por donde pasa moja.	Las actitudes de los demás nos salpican o involucran.
El agua siempre busca su cauce.	Los lechos de los ríos, aun cuando en épocas de sequía carezcan de agua, al caer las lluvias vuelven a llenarse. Los humanos siempre repetimos las actitudes a las que estamos acostumbrados.
El amigo de hoy, es el enemigo del mañana.	Quien nos aparentó sincera amistad, no era verdad.
El amor y el interés se fueron al campo un día.	A una persona a quien mezquinamente se le persigue por interés, le será demostrado un amor falso.
El asno sufre la carga, mas no la sobrecarga.	Se refiere al límite que todas las situaciones y los humanos tenemos.
El bien y el mal a la cara salen.	No sólo se ve, sino que se percibe, ya que la persona que actúa con maldad irradia una sensación negativa. No es grata su compañía.

El buey habló, y sólo dijo "mu".	La persona tímida, insegura o ignorante, que generalmente guarda silencio, de pronto se le ocurre tomar la palabra y muy posiblemente lo que dirá será una tontería.
El buey solo, se lame o se muere de hambre.	Si en la vida nos ha de tocar vivir solos, requeriremos de gran fuerza de voluntad para salir adelante, y no dejarnos llevar por sentimientos negativos.
El burrito y el arriero, dicen su nombre primero.	Quien pronuncia su nombre antes de mencionar el del resto de su grupo o acompañante, denota falta de educación.
El burro criticando las orejas ajenas, sin ver las propias.	Quien critica a otro un defecto, sin verse a sí mismo que tiene el mismo defecto, pero mayor.
El caballo y la esposa, nunca se deben prestar.	Hay cosas de nuestra propiedad que nunca debemos prestar, puede ser algún inmueble, llaves de nuestro hogar, automóvil, etc.
El casado casa quiere: casa-dos.	Sin duda es la mejor forma de evitar problemas entre las familias políticas.
El comal le dijo a la olla: "Hazte pa' allá, no me tiznes".	Quien critica lo que también consigo lleva.

El comer y el rascar, el trabajo es empezar.

Cuando lo que estamos llevando a cabo nos es tan grato que no podemos parar.

El corazón no envejece, el cuero es el que se arruga.

La necesidad de amar y ser amado, de necesitar y ser necesitado, no desaparece con los años.

El cornudo es el último en enterarse.

La persona que ignora lo que antes que nadie debería saber.

El Cura no se acuerda de cuando fue sacristán.

El empleado que por su esfuerzo ha ido superando obstáculos hasta alcanzar un alto puesto, se llena de soberbia cambiando su actitud para con los demás, sin recordar que ese camino fue recorrido primero por él.

El chisme agrada, pero el chismoso enfada.

Satisface el morbo humano escuchar un chisme, pero nos desagrada quien lo cuenta, sobre todo si es su costumbre.

El dar es honor y el pedir causa dolor.

Nos complace ser generosos, pero nos cuesta ser humildes y manifestar nuestra necesidad y pedir ayuda.

El deber y no pagar, es tan antiguo como el mar.

Al ser humano nos incomodan las deudas, y cómo nos cuesta liquidarlas.

El diablo busca trabajo para las manos quietas.

En la ociosidad surgen los planes para cometer delitos, nacen los vicios, los delitos, etc.

El dinero del tonto se escurre pronto.	El éxito en el manejo del dinero exige inteligencia y prudencia.
El dinero es de quien lo gana, y la gloria de quien la alcanza.	Para estos logros son indispensables: constancia, responsabilidad, eficiencia, tenacidad y sobre todo sencillez.
El dinero es muy buen servidor, pero como amo, no hay otro peor.	Manejado con inteligencia nos procura bienestar, pero cuidado con dejarnos esclavizar por él, ya que nos quitará la alegría de vivir.
El dinero fabrica soberbia, y la soberbia, necios.	Es difícil encontrar sencillez en los ricos.
El dinero mundifica, califica y santifica.	Pareciera que tiene la posibilidad de comprarlo todo, no encuentra puertas cerradas.
El dinero no es la vida, pero ayuda a conservarla.	Con un buen usufructo se tiene lo necesario para vivir.
El dinero nunca huele mal, aunque se haya sacado de un lodazal.	Ya que no pierde su valor.
El dinero requiere tres cosas: saberlo ganar, saberlo gastar y saberlo despreciar.	La sabiduría da la oportunidad de ubicarse en una realidad, para no dejarse arrastrar.
El dinero va y viene.	Se va fácil y rápido, pero recuperarlo es lento y con mucho esfuerzo.

El dinero vaya y venga, y con sus frutos nos mantenga.	Sabiamente invertido fructifica y se convierte en un patrimonio para la vejez.
El dinero y la mujer, en la vejez son menester.	La compañía y contar con un sustento seguro, es una bendición de Dios en el ocaso de nuestra vida.
El espíritu se fortalece con el cambio.	Ya que es como emprender algo nuevo que nos inyecta entusiasmo y vitalidad.
El éxito es: 5% inspiración y 95% transpiración.	Se deduce que para alcanzar el éxito es necesario luchar y esforzarse continuamente para lograrlo. No se logra tan sólo con tener la idea.
El fin no justifica los medios.	Aunque se persiga un buen fin, no es válido utilizar medios fuera del honor y la decencia.
El flojo y el ladino andan dos veces el camino.	Con estos defectos las cosas salen mal, siendo necesario repetir la tarea.
El gozo se le fue al pozo.	Cuando recibimos un premio, una satisfacción, una felicitación, y enseguida recibimos una mala noticia que nos causa angustia.
El gusto se le volvió susto.	Cuando estamos contentos y recibimos noticias inesperadas y alarmantes, que nos causan gran desasosiego.

El hábito no hace al monje.	Sino la sincera entrega a su vocación.
El hambre es caramba y quien la aguanta es más.	El hambre y la sed no pueden aguantarse o disimularse.
El hambre le pide a la necesidad.	Cuando alguien nos pide ayuda económica y nos encontramos en situación igual o peor.
El hambre lo tumba y el orgullo lo levanta.	La soberbia que invade a una persona y le impide manifestar su necesidad y solicitar ayuda.
El hombre a los cien años pollo todavía es.	Biológicamente la mujer madura más pronto que el hombre y se desgasta más, también su capacidad de procrear es de tiempo más limitado que en el hombre. Socialmente y por discriminación al hombre, se le acepta en todos los niveles de trabajo aun cuando sea de muy mayor edad. También en cuanto al aspecto de pareja, hay casos en los que el hombre a los 60 ó 70 años contrae matrimonio.
El hombre es fuego, la mujer es estopa, viene el diablo y sopla.	La normal atracción entre el hombre y la mujer.
El hombre propone, Dios dispone, viene el diablo y todo lo descompone.	Las cosas no siempre dependen de nosotros.

El interés tiene pies.	Cuando vemos que podemos alcanzar algo maravilloso, no caminamos, sino que corremos en pos de ello.
El jarabe de pico hizo a muchos ricos.	Quien tiene facilidad de palabra y don de convencimiento, alcanza fácilmente el éxito que le trae buena fortuna.
El Jefe siempre tiene la razón, y la secretaria siempre tiene la culpa.	Con mucha frecuencia, el jefe se escuda en la secretaria y no quiere reconocer sus errores, para evitar un supuesto ridículo ante ella o los demás.
El león cree que todos son de su condición.	La ruindad de una persona le hace pensar que los demás son igual.
El león no es como lo pintan.	Nos dejamos llevar muchas veces por lo que nos dicen, sin constatar la veracidad de la información recibida.
El mal entra por la boca y por la boca sale.	Buen cuidado es menester para hablar con prudencia.
El mañana es una promesa en el aire.	El "hoy" es lo que tenemos, el "mañana" no sabremos si llegará para nosotros.
El miedo no anda en burro.	El miedo se apodera de nosotros con suma rapidez, y el burro es un animal que se desplaza con paso muy moderado.

El muerto a la sepultura, y el vivo a la travesura.	Qué pronto se olvida a una persona a la que se le tuvo un afecto muy superficial.
El muerto al hoyo y el vivo al bollo.	Actitud mal vista de quien sólo esperaba quitarse un problema de encima.
El muerto y el arrimado, a los tres días apestado.	Cualquier persona, pariente o no, que llegue a vivir con una familia integrada, crea siempre algún desequilibrio.
El mundo da muchas vueltas.	Las cosas que ahora son, pueden cambiar totalmente a futuro.
El mundo es de los audaces.	Con audacia e inteligencia se conquista el éxito.
El niño, que es chillón, y el otro que lo pellizca.	A la persona de naturaleza quisquillosa, por nuestro bien, conviene evitar darle motivos que la alteren.
El ojo, que tanto ve, a sí mismo nunca se ve.	Vemos cualidades y defectos en los demás, pero es difícil verlos en nosotros, sobre todo los defectos.
El orden de los factores no altera el producto.	Aunque algunas cosas se coloquen en diferente sitios: alacena, bodega, estantería, no causarán problema. O cuando se trate de asignación de lugares para invitados a una reunión. Pero esto no se aplica en prescripciones médicas o recetas de cocina.

El oro no pierde su color, ni se le pega el mal olor.	La calidad, cuando las cosas la tienen, no se ve afectada por otro factor. Así como el ser humano que posee una gran calidad humana.
El oro se prueba en el crisol.	El sufrimiento por el que todo ser humano ha de pasar, es el crisol que nos pone a prueba.
El pasto del vecino siempre luce más verde.	Tendemos siempre a admirar lo que otros tienen, sin valorar lo que con generosidad nos ha sido dado.
El pez grande se come al chico.	Quien tiene poder e influencia, pero carece de escrúpulos, fácilmente elimina de su camino a personas humildes e indefensas, que en alguna forma considera que le estorban.
El pez por su propia boca muere.	En el mucho hablar se cometen errores.
El primer año de matrimonio es el más difícil, los demás más valiera no haber nacido.	Expresión bromista respecto a las dificultades que se presentan en cualquier matrimonio, y es una buena advertencia para mantenerse alerta.
El prometer no empobrece, el dar es lo que aniquila.	En un arranque de generosidad o bajo una gran angustia, hacemos promesas que después nos es difícil cumplir.

El que a buen árbol se arrima, buena sombra le cobija.	Quien se acoge a un buen protector, o fomenta relación con personas que pueden apoyarle en caso de apuro.
El que a hierro mata, a hierro muere.	Sentencia Bíblica y lógica, pues quien vive manejando armas, situaciones o elementos peligrosos, lo más probable es que ahí encuentre su final.
El que a la Iglesia sirve, de la Iglesia se mantiene.	Si comprometemos totalmente nuestra existencia en alguna causa, de ahí habremos de obtener lo necesario para nuestra subsistencia.
El que busca, encuentra.	La tenacidad siempre logra su cometido.
El que calla, otorga.	Si el acusado no se defiende, da por aceptada la acusación.
El que come y canta, loco se levanta.	Al hablar o cantar cuando se come, se corre el riesgo de atragantarse; situación peligrosa si no hay alguien cerca con conocimientos en primeros auxilios.
El que con leche se quema, hasta al jocoque le sopla.	El resquemor y la desconfianza quedan en nosotros por el daño recibido, y nos crean una actitud defensiva por el temor de ser lastimados nuevamente.

El que con lobos anda, a aullar se enseña.

Las malas compañías siempre son nocivas y su influencia siempre nos involucra, sobre todo a los jóvenes.

El que con niños se duerme, zurrado amanece.

Para tratar con niños, sobre todo ajenos, se necesita un carácter especial.

El que da cuenta del camino, es porque andado lo tiene.

Quien en detalle da información, es que conoce de lo que está hablando, lo más probable es que sea por propia experiencia.

El que da pan a perro ajeno, pierde el pan y pierde el perro.

Nos exponemos a perder nuestra inversión cuando ésta se deposita en lo que no nos pertenece.

El que da y quita, con el diablo se desquita.

Expresión que censura la actitud de quien da y luego se arrepiente.

El que de ajeno se viste en la calle lo desnudan.

Es más sano usar lo propio que lo ajeno, pues corremos el riesgo de pasar un momento penoso cuando nos requieran lo prestado.

El que de joven ayuna, de viejo se desayuna.

Promueve un ahorro constante y moderado, para no pasar necesidad al llegar a edad avanzada.

El que entra ganando, sale respingando.

En competencias de cualquier índole, con mucha frecuencia quien va ganando, al término de la competencia se queda en último lugar.

El que es buen gallo donde quiera canta, y el que es perico donde quiera es verde.	El que es inteligente sale avante en cualquier situación, y el que es tonto, seguro tiene el fracaso.
El que es buen hijo, es buen padre.	Los valores y calidad humana que se le inculquen a un niño, será la mejor garantía de tener un buen hijo, que a su vez también será un buen padre.
El que es buen juez, por su casa empieza.	La persona recta automáticamente hace que en su hogar se observen las normas correctas.
El que es buey hasta la coyunda lame.	("Coyunda": correa o soga para uncir los bueyes y formar la yunta para arar la tierra; ésta les quita libertad y los mantiene sujetos, y si está a su alcance la lamen.) Aplicable a quien observa una actitud masoquista, y la acepta con resignación.
El que es corto no entra al cielo y el que es largo se atraviesa.	Pide una actitud prudente y mesurada sin caer en los extremos de ser paralizado por la timidez o cometer abusos.
El que es desconfiado, o es ladrón o lo han robado.	Tanto en una situación como en otra, la persona se vuelve más precavida.
El que espera desespera.	Para esperar se necesita paciencia, la cual no es virtud de todo el mundo.

El que ha nacido para servilleta, nunca llegará a mantel.	Quien por su baja autoestima considera no puede superarse, se expresa así para justificarse.
El que hambre tiene le atiza al fogón.	La necesidad de comer aguza el ingenio, despierta la astucia, y hace que la persona emprenda con diligencia sus ideas para lograr el sustento.
El que hambre tiene, en pan piensa.	Con el estómago vacío es difícil la concentración en el trabajo.
El que la hace, la paga.	En esta vida, tarde o temprano, las cosas se pagan.
El que mal anda, mal acaba.	Es el riesgo que se corre si no se hace un cambio de vida.
El que mete paz, saca más.	Es mejor mantenerse al margen de un conflicto, sobre todo entre amigos, pues corre peligro de que se vuelvan en su contra.
El que mucho abarca, poco aprieta.	Comprometernos hasta donde nos permitan nuestros alcances, pues adquirir mayor cantidad de responsabilidad nos hará quedar mal por incumplimiento.
El que mucho habla, en algo mete la pata.	Hablar poco, preciso, concreto y objetivo; pues si se nos va la boca podemos decir algo que lastime a quien nos escucha, colocándonos en situación embarazosa.

El que mucho se despide, pocas ganas tiene de irse.	Nos sentimos muy contentos en alguna visita social, conversando y compartiendo, y aunque pretendemos retirarnos, nos despedimos continuamente, pero seguimos tocando nuevos temas.
El que muchos hijos tuvo, nunca la barriga llenó.	Su aplicación puede ser literal, pero también le sucede a quien voluntariamente se hace cargo de otras bocas que alimentar.
El que nace para maceta, no sale del corredor.	El conformista que se repite este eslogan para no esforzarse en salir adelante.
El que nace para tamal, del cielo le caen las hojas.	Al igual que la frase anterior, la aplicamos para censurar la actitud del conformista.
El que nada debe, nada teme.	Una conciencia limpia nos hace vivir en paz.
El que no arriesga, no gana.	Quien con inteligencia arriesga, seguro está de su éxito.
El que no conoce a Dios a cualquier palo se le arrodilla.	Una persona no preparada o no calificada, hará expresiones de maravilla, para no quedar mal, ante lo que debe opinar y no conoce, y lo único que consigue es denotar su grande ignorancia.
El que no habla, Dios no lo oye.	Los que nos rodean no son adivinos y debemos hacer oír nuestra voz.

El que no oye consejo no llega a viejo.	En este caso "vejez" significa sabiduría de la vida, a la que no se llega sin consejos escuchados y llevados a cabo.
El que no quiera ruido, que no coma chicharrón.	El que no quiera represalias, que evite dar motivos.
El que no sabe es como el que no ve.	La ignorancia es carecer de visión intelectual.
El que no se arriesga, no cruza el mar.	Aun cuando se aspire a algo muy elevado, bueno es correr el riesgo con inteligencia, para que redunde en un total éxito.
El que no tranza, no avanza.	Quien carece de escrúpulos y se justifica con esta frase.
El que nunca pastor, siempre borrego.	El que intenta hacer algo sin tener conocimiento alguno al respecto, siempre cometerá una tontería.
El que nunca tiene y llega a tener, loco se quiere volver.	Al de bajos recursos que le cambia la suerte y pasa repentinamente a una situación de opulencia, se descontrola y no sabe cómo actuar.
El que pega primero, pega dos veces.	Ante una situación que irremediablemente se ha de afrontar, al tomar iniciativa se consigue ventaja.

El que persevera, alcanza.	La perseverancia es plena garantía del éxito de una empresa.
El que por otro pide, por sí aboga.	Ante Dios y ante la sociedad, defender, apoyar e interceder por alguien o buscar la concordancia entre las partes en conflicto, hace merecedor de admiración a quien lo intenta.
El que por su gusto se muere, hasta la muerte le sabe.	La persona que no lucha por salir adelante de su mala situación, pudiendo hacerlo, está demostrando que se da por vencida y acepta las consecuencias. Actitud masoquista.
El que porfía, mata venado.	La constancia, diligencia y tenacidad, tendrán su premio.
El que quiera azul celeste, que le cueste.	Quien quiera calidad, tendrá que cubrir el costo, por alto que sea.
El que quiere la col, acepte las hojas de alrededor.	Si deseamos algo en la vida, tendremos que aceptar las cosas o situaciones inherentes que consigo lleve lo que anhelamos.
El que ríe al último, ríe mejor.	Por tener el turno final, tiene tiempo suficiente para prepararse y enfrentar su oportunidad con éxito.

El que sabe, sabe.	Quien de inmediato demuestra que puede resolver cualquier situación, y con sus conocimientos nos evita perder el tiempo con quien quiere aparentar que sí conoce el problema y sólo nos causa estropicios.
El que se enoja, pierde.	Una advertencia que invita a conservar la calma para pensar con objetividad y actuar con inteligencia y prudencia.
El que se fue a la Villa, perdió su silla.	Quien por descuido perdió su oportunidad.
El que se ríe, se lleva.	Si te solidarizas con los que se mofan de alguien, te conviertes en cómplice y merecedor de que te ocurra lo mismo que a la víctima.
El que siembra en tierra ajena, hasta la semilla pierde.	Si hacemos uso de lo que no nos pertenece para sacar ventaja, perderemos esa ganancia por haberla fincado en lo que no es nuestro.
El que sirve a dos amos, con alguno queda mal.	La imposibilidad de cumplir simultáneamente con dos compromisos diferentes.
El que solo se ríe, de sus maldades se acuerda.	Hay anécdotas que al recordarlas, sin importar dónde nos encontremos, nos hacen sonreír.

El que suspira no está contento.	Un suspiro conlleva generalmente ilusión, cansancio, añoranza, depresión, etc.
El que termina primero, le ayuda a su compañero.	Se aplica cuando hay sentido de compañerismo y solidaridad.
El que tiene más saliva, come más pinole.	Quien tiene mucha facilidad de palabra, lleva ventaja sobre los demás.
El que tiene tienda que la atienda, si no, que la venda.	Asunto o negocio que no se atiende o se promueve, es mejor deshacerse de él.
El que vengarse quiera, calle y espere.	No tomemos venganza con nuestras propias manos, ya que la vida se encarga de ello, sólo tenemos que ser pacientes.
El Rey ha muerto, ¡Viva el Rey!	Dejar atrás lo pasado, que no podemos remediar, y mirar al frente con optimismo. Cuando desaparece un guía y se elige a otro.
El saber nunca está de más.	Todo nuevo conocimiento nos enriquece y nos da experiencia.
El santo más milagrero, es San Dinero.	Las cosas del mundo qué fácil se mueven con dinero.

El silencio es más elocuente que la palabra.

Por el silencio que guarda la persona a quien nos dirigimos, nos damos cuenta si está de acuerdo o no con nosotros. También cuando no recibimos respuesta a una petición, el silencio nos indica una negativa.

El sol es la cobija del pobre.

Frase aplicable al pie de la letra, para quienes tienen la mala fortuna de vivir en extrema pobreza.

El sol sale para todos.

Dios procura muchas cosas y bienes para gozo de todos, buenos y malos.

El sordo no oye, pero compone.

Una persona que por distracción o deficiencia auditiva, no puso atención a lo que se hablaba y fácilmente tergiversa las cosas, creando confusión.

El tiempo es buen amigo, porque cobra y porque paga, porque quita y porque da.

La vida a su tiempo se encarga por sí sola de esta administración.

El tiempo perdido los ángeles lo lloran.

Con esta frase se subraya lo valioso que es el tiempo y debe ser aprovechado; pues pasa y no vuelve.

El tren te ganará a correr, pero a echar humo no.

Para fumadores empedernidos que con el cigarro que están terminándose encienden el siguiente.

El valiente dura mientras el cobarde quiere.	Cuando el tímido supere sus temores, podrá defenderse de su abusador.
El vicio con que ha crecido se vuelve naturaleza.	Si no se corrige un vicio a tiempo, llegará a ser parte de la personalidad.
El vino entre más añejo, mejor.	Literalmente es verdad, pero también se aplica a lo que con el paso de los años demuestra su calidad. Puede referirse también a la amistad y al amor en general.
En boca cerrada no entran moscas.	Más vale no opinar, si los que discuten lo hacen acaloradamente, o porque ignoramos el tema a tratar, o bien no deseamos vernos involucrados.
En caja sin llave ni candado, no hay nada guardado.	Advierte sobre la necesidad de establecer medidas de seguridad para proteger lo que nos ha sido encomendado en el trabajo, o bien nuestras propiedades en el hogar.
En casa del herrero, azadón de palo.	En casa de quien sabe de reparaciones en general, hay desperfectos que por apatía no repara.
En caso de mentada, pido mamá prestada.	Invita a no hacer caso a insultos.

En cojera de perro y lágrimas de mujer, no hay que creer.	Nos advierte sobre el engaño de las apariencias; ya que un perro que se accidenta de una pata, aun cuando haya sanado, inexplicablemente cojea algunas veces. Y en la mujer, las lágrimas con frecuencia se utilizan como chantaje, por desgracia.
En Cuernavaca cuesta media la vaca; pero si no hay media, no hay vaca.	Frase muy antigua, cuyo mensaje es que si no contamos con lo suficiente para adquirir algo, mejor ni intentemos efectuar su compra.
En Dios cree, pero en ella (él) adora.	Un miembro de una pareja que hace del otro su credo y su adoración, y no se ubica ni hace una inteligente evaluación.
En el arca abierta hasta el más justo peca.	Por muy honesta que sea la persona que vigile nuestros bienes, por prudencia conviene establecer reglamentos.
En el mundo entero, no hay quien no tenga un pero.	Todos los humanos tenemos defectos; perfecto sólo es Dios.
En el pecado se lleva la penitencia.	Si abusamos de las cosas y no las tomamos con mesura, el exceso nos traerá lamentables consecuencias.

En gran apuro, se conoce al amigo puro.	Cosa en extremo rara, pero sí existe la verdadera amistad, y en los momentos más difíciles es cuando la recibimos o podemos brindarla.
En gustos se rompen géneros.	La diversidad de gustos en el ser humano, nos confirma que el Creador amorosamente nos hizo individuales y diferentes.
En hombre casado no pongas tu querer, porque al fin y al cabo se lo lleva su mujer.	El hombre es novedoso y veleidoso, y la mujer que convierte un matrimonio en triángulo, con el tiempo se queda plantada.
En la atención al hombre se ve el amor de su mujer.	En el caso de esposas enamoradas que están pendientes de los menores detalles en pro de la buena presentación de sus esposos ante los demás.
En la cárcel y en la cama, se conocen los amigos.	En la enfermedad y en la desgracia es donde conocemos a los verdaderos amigos, por el apoyo y solidaridad que nos brindan.
En la forma de agarrar el taco, se conoce el que es tragón.	Los conocimientos, la experiencia y la eficiencia, se manifiestan de inmediato cuando la persona que tiene estas cualidades se hace cargo de una encomienda.

En la guerra y en el amor, todo se vale.	Desafortunadamente en estos terrenos, no hay ética ni se respetan derechos.
En la variedad está el gusto.	Variar, cambiar, combinar, nos hace más placentero todo, y nos evita caer en la monotonía.
En la vida hay de todo, como en la viña del Señor.	En la creación de Dios no existe monotonía, todo es cambio y versatilidad. También en la vida que nos ha tocado vivir, cada día es diferente al anterior.
En la vida todo se paga.	La vida misma se encarga de cobrar.
En lo ajeno cae la desgracia.	Es irónico, pero cuando algo nos prestan, por más cuidado que pongamos, suele suceder algún accidente.
En martes ni te cases ni te embarques, ni de tu casa te apartes.	Superstición de tiempos antiguos; pero sólo es eso, una superstición.
En tiempo de fiesta, la guitarra no se presta.	Si estamos usando algo que nos es imprescindible siempre, o en ese momento, no podemos prestarlo. Además, nunca debemos prestar lo valioso que poseemos.
En tierra de ciegos, el tuerto es rey.	Si todos los presentes desconocen de lo que se hace o se habla, surge alguien que tiene conocimientos, pocos o muchos, y ello hace que destaque entre los demás.

En todo está, menos en Misa.	La persona que le gusta enterarse de todo, aunque no le concierna, y no se ocupa de sus asuntos.
Encima de las nubes, el sol sigue brillando.	Motivación cuando atravesamos por momentos difíciles que parecen no tener solución. Un llamado a la fe.
Enero y febrero: desviejadero.	Se tiene la creencia de que en el invierno, las personas de edad avanzada peligran en su salud.
Enfermedad de nueve meses, a los diez desaparece.	Obviamente, el embarazo se ubica en este diagnóstico.
Enseñó el cobre.	Mostró su verdadera personalidad, que no es buena, como la que aparentaba.
Entre amigos desiguales no hay franca correspondencia, sino mando y dependencia.	La desigualdad evita una sincera amistad y provoca sujeción de la parte más débil.
Entre amigos estamos, pero mi capa no aparece.	A los falsos amigos que entran a nuestra casa, y con abuso de confianza se apropian de algo que nos pertenece.
Entre casados y hermanos, nadie meta las manos.	Son situaciones familiares de conflicto ajenas y pasajeras, en las que los extraños no deben involucrarse.

Entre col y col: lechuga.	Intercalando variedad evitamos el hastío de la monotonía.
Entre dimes y diretes, mal harás si te metes.	Entre partes en discordia, lo mejor es mantenerse prudentemente al margen.
Entre dos amigos, un notario y dos testigos.	Un llamado de alerta, ya que hay "amigos" que no lo son, y sólo tejen su red para atrapar al incauto y sacarle provecho
Entre dos no pesa el muerto.	Recibiendo ayuda, es más fácil terminar la tarea.
Entre gitanas, no nos leemos las manos.	Entre dos personas amañadas, no se atacan una a la otra; ni tampoco se tienen confianza.
Entre más conozco al ser humano, más amo a mi perro.	El perro en sus genuinas cualidades, es innata su nobleza, fidelidad, amor y carece de mezquindad. Muchas veces muere de tristeza al perder a su dueño. En el ser humano sería muy raro encontrar todas estas cualidades juntas.
Entre más tienes, más quieres.	La ambición nunca encuentra saciedad.
Entre más vive uno, más ve.	Cada día es diferente al anterior, y vemos cosas nuevas a diario, tanto buenas como malas.

Entre mula y mula, sólo las patadas se oyen.	Los conflictos que se suscitan entre personas igualmente conflictivas.
Eres como la "chía": prieta, babosa y fría.	Un mal verso, ofensivo y de naturaleza misógina.
Errar es de hombres y ser herrado, de bestias.	El buen cuidado que debe tenerse en la ortografía, para no tergiversar el sentido de las cosas.
Es bueno aconsejar, pero es mejor remediar.	Es bueno dar un sabio consejo, pero mejor si podemos ayudar.
Es bueno el encaje, pero no tan ancho.	No caer en el abuso con quienes nos muestran apertura y buena disposición.
Es como buscar una aguja en un pajar.	La difícil tarea de encontrar un objeto, respuesta o solución en el contexto de un panorama sumamente amplio.
Es como ir a la guerra sin fusil.	Cuando no llevamos lo necesario para el desempeño de una tarea.
Es como la ley de Herodes, o te estiras o te encoges.	Más vale que aceptes de buen grado la situación, porque de lo contrario será peor.
Es de humanos equivocarse, y de sabios reconocerlo.	Los humanos cometemos siempre errores, pero nos cuesta admitirlo.
Es de humanos errar y de bestias permanecer en el error.	Contra los obstinados.

Es la misma gata, pero revolcada.	Se nos presenta la aparente solución a un problema, pero en esencia continúa siendo igual.
Es más ardiente la tarde que la mañana.	Por lo general, esta frase se usa cuando en el otoño de su vida las personas se involucran con más fuerza en relaciones sentimentales; posiblemente en un intento por sentirse jóvenes o bien por temor a la soledad.
Es más papista que el Papa.	Quien cae en un fanatismo religioso.
Es más tonto que Macario, que puso índice al Diccionario.	El colmo de la tontería.
Es mejor un tonto natural que un tonto con ideas.	Porque el que se cree listo y no lo es, con frecuencia tiene ideas descabelladas y ocasiona problemas a los demás.
Es mole de oreja: quien quiere lo come y quien no, lo deja.	Las cosas son así, tómenlas o déjenlas. También es un consejo a no ser exigentes con mamá, que generalmente prepara la comida.
Es muy fácil engañar a quien no engaña.	Las personas de actitud clara y transparente, fácilmente confían y caen en el engaño.

Es tan larga como la esperanza del pobre.	El pobre siempre tiene una fe y esperanza sin fin. Se aplica a los males, distancias, o conflictos que se alargan.
Es tan terco(a) que puede matar un burro a pellizcos, con tal de salirse con la suya.	Necedad, obstinación y terquedad, son defectos. La tenacidad, por el contrario, es una cualidad.
Es tonto quien presta un libro, pero más tonto quien lo devuelve.	Los libros son de gran valía para su propietario, no es recomendable prestarlos. Pero hay personas honestas que los devuelven por respeto a sí mismos y al propietario, y comúnmente se toma por tonta su honestidad.
Escarba y sacarás agua.	Ahondando en investigar asuntos o secretos ajenos encontramos la información que necesitamos, o logramos satisfacer nuestro morbo.
Está como "Don Juan Guangoche", lo que no hace de día, lo hace de noche.	Abarcar muchas ocupaciones o no administrar bien nuestro tiempo, hace que continuemos trabajando, y en consecuencia le restamos tiempo a nuestro descanso.
Está como canica: más cerca del agujero.	Entre personas que se tienen demasiada confianza como para hacerse bromas, acerca de quien avanza al otro en edad o achaques y suponen su cercano final.

Está como Don Juan Orozco, cuando como no conozco.	A quien le molesta recibir visitas a la hora en que toma sus alimentos, o bien se aparta para comerlos.
Está como el agua caliente, nada más le da el aire y se enfría.	Quien empieza con mucho entusiasmo algún propósito y al primer obstáculo se da por vencido. O bien cuando la persona se enfurece sobremanera y al poco rato se calma.
Está como el burro que tocó la flauta: por pura casualidad.	Difícil es lograr dos veces la misma hazaña, sobre todo si la primera se hizo por azar.
Está como el cuetero, si queda bien le chiflan, y si no, también.	Nos gusta silbar aun cuando el espectáculo esté bien. También se aplica a quien pone su mayor voluntad en una tarea y a nadie deja contento, a pesar de sus esfuerzos.
Está como el guarache del indio, cuando lo busca no lo halla.	Ante la prisa que tenemos y por el nerviosismo, no encontramos lo que buscamos afanosamente. Esta frase se basa en que antiguamente el indito usaba sus guaraches para ir al pueblo cercano, lo cual no era frecuente, después los guardaba tan bien, por considerarlos especiales, que le era difícil encontrarlos.
Está como el perro del hortelano, ni come él ni deja comer al amo.	Quienes en una oficina, ni trabajan ni dejan trabajar. O en la convivencia no están en paz ni dejan estar.

Está como el sacamuelas. Todo el año saca muelas y cuando le van a sacar una, no le parece.	La persona abusiva que por costumbre lo es, cuando siente que quieren abusar de ella, no le parece.
Está como la viejita del "buen chile": "Arrímenme todo y verán qué buen chile hago".	Quien para llevar algo a cabo, no busca por sí mismo lo necesario, sino que espera que todo se le dé en la mano.
Está como los músicos malos: en afinar e ir a orinar, el tiempo se les va.	Quien pierde el tiempo mañosamente y cobra trabajando lo menos posible.
Está como plato de restaurante: fregado y boca abajo.	Cuando atravesamos una mala racha y nada nos sale bien.
Está de mírame y no me toques.	Un llamado para actuar con prudencia, cuando tenemos ante sí a alguien extremadamente susceptible, o bien se encuentra de mal talante.
Está entre la espada y la pared.	Sentirse acorralado sin un escape posible.
Está orinando fuera del bacín.	Está totalmente equivocado en su perspectiva.
Está primero comer, que ser cristiano.	Dar prioridad a lo más importante, ya que no se puede ser devoto con el estómago vacío.

Está primero la obligación, que la devoción.	Es necesario establecer una jerarquía de acuerdo con nuestro sentido de responsabilidad.
Está tan feo, que donde mira duele.	Expresión cruel para condenar con nuestras palabras a una persona que carece totalmente de belleza física.
Estamos en la casa del jabonero, el que no cae, resbala.	Como seres humanos, en este mundo estamos expuestos a cometer los mismos errores.
Están primero mis dientes y luego mis parientes.	No es egoísmo ver sanamente primero por uno mismo, y ya mejorada nuestra situación, ver por los demás.
Estando bien con Dios, para qué quiero a los angelitos.	Si mantengo una buena relación con la persona que está al mando, para qué me preocupo por los subalternos.
Estar curado de espanto.	La persona que ha presenciado en su vida muy variadas situaciones, adquiere buen criterio y no se escandaliza fácilmente.

F

Fiar en Dios y en otro no.	Dios nunca nos falla, los seres humanos somos todos falibles.
Flor de un día es la alegría.	La vida tiene más penas que alegrías.

Fruta grande: sin sabor.	En general se aplica literalmente, pues el tamaño no es sinónimo de delicia.
Fue por lana y resultó trasquilado.	La persona que procedió pensando en aprovecharse y sacar ventaja, y le resultó lo opuesto.

G

Gallina vieja hace buen caldo.	Una forma benévola de calificar a una mujer madura que trata de formar pareja con persona de menor edad.
Gasta la pólvora en infiernitos.	Quien su dinero derrocha en cosas sin importancia.
Genio y figura, hasta la sepultura.	Es sumamente difícil cambiar nuestra personalidad, debido a la herencia genética y el entorno en que fuimos formados.
Guárdate del amigo que alterna con tus enemigos.	Ya que puede no ser sincero contigo, ni con tus enemigos.

H

Habla la voz de la experiencia.	Quien se pone a dar consejos a los demás alertándolos, es porque ya tuvo experiencia sobre lo que habla.

Habla lo que no debes y oirás lo que no quieres.	Al hablar con imprudencia, podemos lastimar u ofender a quien nos escucha, exponiéndonos a las consecuencias, que seguramente no nos habrán de gustar.
Hablando del Rey de Roma, y él que se asoma.	Al conversar acerca de una persona ausente, quien de repente se presenta.
Habrá quién te dé, pero quién te ruegue, no.	Respetemos la libertad de la persona, si acepta o no nuestro ofrecimiento.
Hace de tripas corazón.	Cuando enfrentamos cosas que no nos agradan y necesariamente tenemos que aceptarlas para seguir adelante.
Hace más el que quiere, que el que puede.	La buena voluntad y disponibilidad de una persona hace más que el que sabe y no quiere ayudar.
Hace la mosca chillar.	Hace escándalo por una nimiedad.
Hágase la voluntad de Dios en los bueyes de mi compadre.	Manifestamos apoyo y comprensión ante las adversidades de los demás, siempre y cuando a nosotros no nos suceda.
Hasta la duda ofende.	Lo dice quien está seguro de sí mismo, y puede responsabilizarse de una encomienda.

Hasta la pregunta es necia.	Una pregunta resulta necia cuando la respuesta que se pide salta a la vista.
Hasta no ver, creer.	El temor de ser engañados sólo por palabras, nos condiciona a constatar los hechos.
Hasta que llovió en Sayula.	Sayula es un poblado del Estado de Jalisco, de tierra muy árida, y de muy escasa lluvia. La frase citada se aplica cuando sucede algo por lo que tanto se ha esperado.
Hasta que se encontró con la horma de su zapato.	Para la persona abusiva que se topa con quien le hace pagar sus abusos.
Hasta que una de guarache me vino a taconear.	Nos creemos superiores y se nos hace intolerable aceptar que alguien de reciente aparición nos supere, y se apropie de lo que consideramos nos corresponde, con base en supuestos derechos adquiridos por antigüedad.
Hay dos cosas que no se quitan: lo tonto y el reumatismo.	En broma reconocemos haber actuado con suma torpeza.También lo atribuimos a quien procede de igual forma.
Hay errores que son aciertos.	Creemos con frecuencia haber cometido un error, y por suerte comprobamos posteriormente que resultó un acierto.

Hay gustos que merecen palos.	Ciertamente que somos diferentes y al serlo tenemos gustos distintos. Pero hay gustos muy aberrantes a los cuales se aplica este refrán.
Hay que apuntar al cien para alcanzar el ochenta.	Tener aspiraciones muy altas y luchar con denuedo por hacer realidad lo más que se pueda.
Hay que conectar los cables del cerebro antes de poner la lengua a funcionar.	Al hacer una crítica constructiva o reclamar un derecho que nos corresponde, hay que meditarlo muy bien y manejar las cosas con inteligencia.
Hay que medirle el agua a los camotes.	Ante todo, la prudencia en nuestros pensamientos y actitudes, para no caer en extremos, que ocasionen daños a nosotros mismos o a los demás.
Hay que rascarse con sus propias uñas.	Hagamos hasta lo imposible por solucionar nosotros nuestros problemas.
Hay quien acarrea agua a su molino y deja seco el del vecino.	Quien sólo procura su bienestar, sin preocuparse por el de los demás; o bien, atropella los derechos ajenos, tan sólo por buscar su propio beneficio.
Hay veces que el pato nada, y otras que ni agua bebe.	Vamos de la abundancia a la carencia frecuentemente.

Haz aquello que quisieras haber hecho cuando mueras.	Un buen consejo que nos motiva a actuar en el presente con diligencia y no lamentarnos al final de nuestra vida, con la conocida frase: "si hubiera..."
Haz de la noche, noche, y del día, día, y vivirás con alegría.	Un llamado para ser metódicos y administrar con inteligencia nuestro tiempo.
Haz el bien y no veas a quién.	La intención es lo importante, no hacer investigaciones que pueden predisponernos a un juicio equivocado.
Haz lo que puedas sin ayudas ajenas.	Esforzarse todo lo posible por salir adelante sin convertirse en carga para los demás.
Hijo de mi hija, mi nieto será. Hijo de mi hijo, Dios lo sabrá.	El difícil el entendimiento y confianza entre suegras y nueras.
Hijo de tigre, pintito sale.	Herencia genética o influencia paterna, hacen del hijo una copia del padre, a veces corregida y aumentada, aunque no siempre sea para bien.
Hombre cortés, de todos estimado es.	La educación, amabilidad y cortesía, son valores bienvenidos en todo lugar.

Hombre o mujer, cada cual se juzga mejor de lo que es.	Difícil hacernos una autocrítica que nos permita llevar a cabo una objetiva evaluación de nosotros mismos.
Hombre prevenido, vale por dos.	El ser humano que se adelanta a los sucesos y prevé lo necesario, es más valioso que muchos que no se prepararon para eventualidades futuras.
Honor, a quien honor merece.	Reconocer el justo mérito de la persona.
Hoy que pueda lo haré, que mañana no sé si podré.	El ayer ya pasó, el hoy es lo único que nos pertenece, porque al mañana no sabemos si llegaremos o cómo nos encontrará.
Hoy "somos", mañana "fuimos".	Lo rápido que pasamos en el tiempo y que fácilmente seremos olvidados.

I

Ir contra la corriente es de hombre imprudente.	Ir en contra de opiniones, nos acarreará enemistades gratuitas, aunque nos asista la razón es mejor permanecer al margen, ya que el tiempo nos dará la razón, y no las palabras.
Ir de mal en peor no hay cosa peor.	Hay etapas en la vida en que las situaciones empeoran día con día, y es difícil sobreponerse.

J

Juego de manos, juego de villanos.	Entre los niños, muchas veces los juegos en que entran las manos, terminan en pleitos.
Junto a la fuente, nadie se muere de sed.	Estando en la abundancia o en la opulencia, no se temerá la carencia.
Juntos pero no revueltos.	Frase elitista que descarta la posibilidad de formar un grupo homogéneo.

L

La adversidad hace a los sabios y la prosperidad a los necios.	Las situaciones contrarias, si sabemos aprovecharlas, nos llevan a crecer en nuestro interior. Pero si por el contrario, al tener prosperidad caemos en inercia, seremos víctimas de nuestra flojera y necedad.
La alabanza en boca propia es vituperio.	Es de mal gusto la presunción y el loarse a sí mismo, que no es igual que reconocer con sencillez los dones que Dios nos ha prestado.
La amistad es la esperanza del corazón.	Un corazón sincero siempre espera, siempre cree, siempre ama.
La bebes o la derramas.	Afronta las cosas, porque no tienes otra alternativa.

La boca amarga nunca escupe miel.	Una persona con frustración y amargura, no podrá poner amor y esperanza en sus palabras.
La cabra siempre tira al monte.	Somos propensos a recurrir y estar apegados a nuestros orígenes y costumbres con las que crecimos.
La cana engaña, la arruga desengaña, pero pelo en la oreja, ni duda deja.	Señales de edad avanzada, que no pueden ocultarse.
La cara más fea, la alegría la hermosea.	La alegría y simpatía son una clase de belleza, que supera ilimitadamente a la hermosura física.
La caridad bien entendida comienza por uno mismo.	El cuidado y la atención prioritaria en nosotros mismos, nos dará oportunidad de prodigar ayuda a los demás.
La conciencia es a la vez testigo, fiscal y juez.	Podemos engañar a los demás, pero en nuestro interior la conciencia nos reprochará y no podremos engañarla ni callarla.
La cruz en los pechos y el diablo en los hechos.	Hacer ostentación de que somos cristianos y actuar en contrario.
La cruz no pesa, lo que calan son los filos.	Cuando vemos la carga parece no pesar, pero sí cuando la llevamos a cuestas.

La cuerda se rompe por lo más delgado.

Un ambiente tenso y prolongado, en cualquier momento y por un mínimo motivo, puede provocar que los ánimos estallen.

La curiosidad mató al gato.

La curiosidad positiva es investigación. La curiosidad morbosa sólo nos involucra en lo que no nos concierne y nos acarrea problemas.

La chapuza acusa.

La conciencia recrimina las malas acciones, y el remordimiento hace perder la seguridad, por ello se descubre la actitud dolosa.

La defensa es natural.

Es obligatorio defendernos con dignidad, debemos respetarnos a nosotros mismos y así evitaremos convertirnos en tapete de los demás.

La desgracia a la puerta vela, y en la primera ocasión se cuela.

Una invitación a estar siempre alertas y tomar precauciones.

La desgracia, a veces se convierte en gracia.

Con frecuencia, consideramos los sucesos como desgracia y el futuro nos descubre que fue una bendición lo que en principio tomamos como pena.

La educación es de quien la da, no de quien la recibe.

La persona educada siempre y en todo se maneja de acuerdo con sus principios, y si se topa con quien carece de educación, no le causa merma, por el contrario le enaltece.

La esperanza muere al último.	En nuestro transitar por la vida, es el incentivo que nos mantiene en la lucha, y muere con nosotros.
La excepción confirma la regla.	Aunque las reglas en la vida estén bien establecidas y delimitadas, siempre habrá la excepción que las confirme.
La excusa del lerdo: "Ahora que te veo, me acuerdo".	Falta de responsabilidad de quien olvida sus compromisos.
La gota de agua constante horada la piedra.	Con persistencia, paciencia, tenacidad y constancia, se logran los objetivos.
La gota de agua que derrama el vaso.	Poner un límite a las situaciones problemáticas, para evitar que haya un rompimiento por el más mínimo detalle.
La ignorancia vive en todos los colores.	En todos los países, razas y clases sociales, existe la ignorancia, ya sea en grado mayor o menor.
La imaginación es la loca de la casa.	Si no controlamos nuestros pensamientos en la "casa" de nuestra mente, se convertirán en una locura que nos conducirá a la angustia y desesperación.
La inteligencia se mide de la cabeza al cielo, no de la cabeza al suelo.	Es una forma simpática de animarse cuando se es chaparrito, y así evitar una baja autoestima.

La juventud es fuerza, la vejez prudencia.	En la juventud hay vigor, entusiasmo, fuerza, vitalidad, etc., pero no la experiencia y prudencia; virtudes que se alcanzan con la edad y la superación de los sufrimientos que la vida nos trae.
La letra con sangre entra.	Antiguamente, esta era la frase que servía de pretexto a los maestros para educar empleando medios rigoristas, lo que llevaba a aprender por temor a sufrir castigos o maltrato.
La mejor almohada es la conciencia sana.	Un llamado para conservar limpia la conciencia.
La mejor defensa es el ataque.	Por sorpresivo lleva ventaja ante la contra parte.
La mentira dura mientras la verdad aparece.	Tarde o temprano la verdad sale a la luz, dando fin a la mentira y dejando al descubierto al mentiroso.
La mona aunque se vista de seda, mona se queda.	A quien carece de cualidades que le hagan valer por sí mismo, no le servirá de nada la riqueza y elegancia.
La mujer compuesta quita al hombre de la otra puerta.	Al esposo no le agrada ver a su esposa desarreglada. El hombre es novedoso. Astucia es necesaria en la mujer, para mantenerlo interesado y evitar que la traicione.

La mula no era arisca, los palos la hicieron.	Después de muchas traiciones, es difícil volver a confiar.
La necesidad tiene cara de hereje.	La extrema pobreza trae consigo necesidades prioritarias que es necesario satisfacer, y llevan al que la sufre a cometer acciones que no haría de no estar en esa situación.
La novia del estudiante, no siempre es la esposa del profesionista.	En la etapa escolar, las relaciones sentimentales se toman generalmente como amistad, pero al avanzar el tiempo y madurar en todos aspectos, el ser humano piensa diferente.
La ocasión hace al ladrón.	Los humanos somos débiles y falibles; prudente es mantener lo valioso a buen resguardo, quitando la oportunidad al posible ladrón.
La ocasión la pintan calva.	Cuando hay oportunidad de obtener fácilmente un sustancioso beneficio de índole personal, los prejuicios salen sobrando.
La ociosidad es la madre de todos los vicios.	En la ociosidad se nos ocurren desde maldades hasta delitos. Además de la posibilidad de incurrir en vicios.
La práctica hace al maestro.	La práctica continua convierte en realidad esta frase.

La primera mujer es escoba, y la segunda es esposa.	El esposo, con la experiencia adquirida en su primer matrimonio, sabrá qué errores evitar, y qué aciertos cultivar en caso de segundas nupcias.
La que de amarillo se viste, a su hermosura se atiene o de sinvergüenza se pasa.	Las prendas de color amarillo son consideradas por muchas personas poco favorables para el común de latinos, por el color moreno de nuestra piel.
La ropa sucia se lava en casa.	Recomienda prudencia y discreción con nuestros problemas personales o familiares.
La sed se quita bebiendo, lo cansado se quita descansando, el hambre se quita comiendo. Pero lo tarugo ¿cuándo?	Cuando seamos prudentes y reflexionemos muy bien antes de llevar a cabo cualquier cosa.
La subida más alta, es la más dolorosa caída.	Una vez alcanzado el éxito y aun cuando se permanezca en él mucho tiempo, es muy difícil comprender que las cosas no son eternas sino cambiantes, y tarde o temprano se dejará de estar en la cima.
La suerte de la fea, la bonita la desea.	La hermosura de una mujer no significa un rotundo éxito matrimonial. Existe gran cantidad de matrimonios más estables en los cuales la mujer no es bella física, sino interiormente.

La suerte es la esperanza del flojo.	Tenemos que trabajar para alcanzar nuestras expectativas, no esperar a que nos caigan del cielo.
La tercera es la vencida y en la cuarta va la vida.	Esforzarse con tenacidad una y otra vez hasta lograr el éxito, pero también advierte que es prudente desistir.
La vecindad es fuente de amistad y de enemistad.	En el entorno donde vivimos es muy difícil sustraernos y evitar que nos involucren. Es recomendable con cortesía y educación, mantener una sana distancia.
La verdad no peca, pero incomoda.	A nadie agrada que le digan sus verdades, ya que su orgullo no le permitirá aceptarlas, por lo que el aludido se convertirá en enemigo de quien lo deje al descubierto.
La verdadera amistad, no se da en maceta.	Existe la verdadera amistad, pero es sumamente difícil encontrarla y aún más conservarla.
La vida es como la rueda de la fortuna, unas veces estamos arriba y otras abajo.	A veces tenemos gracia y otras desgracia.
La vida es un albur.	("Albur", juego de baraja española). A veces ganamos y otras perdemos, es el riesgo que se corre en nuestro diario vivir, al tomar decisiones.

La vida no es alfalfa, la alfalfa retoña, pero la vida no.	Cuidemos la vida, porque sólo tenemos una.
Ladrón que roba al ladrón, tiene cien años de perdón.	Nada excusa el delito del ladrón, pero queremos minimizar su culpa si se llevó a cabo en contra de un primer ladrón. Lo consideramos "justicia".
Las apariencias engañan.	Las personas, situaciones o cosas, no significan siempre lo que parecen, porque las vemos desde fuera, y no estamos dentro de ellas.
Las canas salen de ganas y las arrugas de dudas.	Una de las muchas frases existentes, con las que de buen humor consideramos lo que conlleva la edad avanzada.
Las cosas caen por su propio peso.	Lo que lleva como base la mentira y la falsedad, no tendrá la suficiente firmeza para sostenerse en pie.
Las cosas que se desean parece que nunca llegan.	Si deseamos lo imposible, ciertamente imposible será que llegue. Si nuestros deseos son altos, pero realistas, serán un acicate para esforzarnos; si los alcanzamos será un logro, si no de todas formas habremos crecido.

Las costumbres hacen leyes.	Entre los pueblos, cuando las cosas se hacen costumbres, es necesario legislar sobre ello.
Las cuentas claras y el chocolate espeso.	Los negocios siempre deben manejarse con absoluta honestidad y transparencia.
Las cuentas sin Dios, no sabremos cuántos son dos y dos.	Si dejamos a Dios de lado cuando hay negocios a nuestro cargo, nos veremos tentados a cometer ilícitos, dando malas cuentas posteriormente.
Las gallinas de arriba ensucian a las de abajo.	Las gallinas en el ambiente campirano, duermen encima de varas horizontales a diferentes niveles. Con esto, nos da a entender que quienes tienen un alto nivel ponen los pies en el cuello de sus subalternos. También en el ambiente condominal, se sufre el comportamiento de los vecinos de los pisos superiores.
Las manos se lavan entre sí, y ambas lavan la cara.	La necesidad de recibir ayuda unos de otros, y en equipo alcanzar grandes logros.
Las palabras mueven, pero el ejemplo arrastra.	Reaccionaremos en forma positiva ante un buen ejemplo, o negativa si éste es malo.

Las palabras se las lleva el viento.	Por escrito deben ser los convenios y cualquier compromiso. Lo hablado no deja testimonio de haber sido pronunciado.
Las paredes oyen.	Hay cosas que requieren gran discreción, y hay que tener cuidado en cuanto al lugar y momento en que son tratadas.
Las penas con pan son buenas.	Cuando hay carencia y penas, es difícil solucionar estas últimas; si por la gracia de Dios obtenemos una tregua y nos sobreviene un poco de bonanza, entonces podremos pensar y encontrar alternativas de solución.
Las piedras rodando se encuentran.	Aunque pase mucho tiempo, volvemos a encontrarnos con personas conocidas.
Las trampas llevan la mentira a cuestas.	El objetivo de las trampas es un engaño oculto.
Las veredas quitarán, pero la querencia cuándo.	Aunque nos cambien los caminos, o las personas que amamos se muden de residencia, siempre buscaremos la forma de hacer presente nuestro afecto, sin importar la distancia.
Le dan la mano y se toma el pie.	Acerca del abuso de confianza.

Le das palos a tu propio perro.	Perjudicas lo que es tuyo.
Le dio una sopa de su propio chocolate.	Algún día alguien saca ventaja de la persona que siempre se aprovecha de los demás.
Le echaron montón.	Cuando muchos se confabulan para perjudicar a alguien indefenso o en desventaja.
Le engañó fácilmente y le sacó la sopa.	Con engaños y astucia sacó la información que necesitaba.
Le está lloviendo en su milpita.	Está pasando por una racha de malas situaciones.
Le fue como en feria.	A quien le sucede de todo, pero mal.
Le hace de chivo los tamales.	Generalmente, se aplica al cónyuge que engaña a su pareja.
Le llegó su segundo aire.	Cuando los adultos mayores tienden a deprimirse, sucede con frecuencia que encuentran un punto de apoyo, y retoman su vida con entusiasmo.
Le pido a Dios que me ponga donde haya, que yo agarraré.	La persona sin escrúpulos que sólo espera la oportunidad de obtener beneficios para sí mismo, sin importarle la honestidad.

Le salió el tiro por la culata.	El disparo de un arma debe salir por el cañón de ésta, no por la culata que es la parte que se sostiene con la mano. Aplicable cuando tramamos perjudicar a alguien y salen las cosas en contra nuestra.
Le salió vana la nuez.	Al esposo cuando al casarse no le fue revelada por su pareja su falta de virginidad. Tristemente se aplica también a la mujer estéril.
Le tocó abrir brecha.	Quien inicia el camino no antes transitado.
Le tocó bailar con la más fea.	Afrontó la situación más difícil y fuera de su gusto.
Le va pisando los talones.	Le sigue tan de cerca que está por alcanzarle.
Lente oscuro, mariguano seguro.	Frase popular que en broma se dice a quien porta lentes oscuros, haciéndole sentir que no quiere verse delatado porque posiblemente tiene los ojos enrojecidos, como quienes tienen la desgracia de caer en este vicio.
Líbrete Dios de un estúpido con poder.	Ya que te perjudicará con sus errores, entre más te acerques.
Limosnero y con garrote.	La persona con necesidad, tiene derecho a pedir, mas no a exigir.

Lo agarraron de bajada.	Cuando varias personas abusivas se aprovechan del débil, quien pasa por una situación de vulnerabilidad.
Lo barato cuesta caro.	Nos dejamos llevar por un precio que nos parece una gran oferta, pero no examinamos con detenimiento la calidad, y es posible que nos resulte de poca duración por la mala calidad que no observamos.
Lo bueno perece y lo malo permanece.	Esa impresión tenemos, ya que lo grato nos parece fugaz, mientras que soportar lo ingrato nos parece una eternidad.
Lo cortés no quita lo valiente.	Pueden afrontarse cosas muy delicadas y de difícil solución, siempre que se traten con amabilidad, educación y cortesía, respetando el derecho de las partes involucradas.
Lo feo con dinero se quita.	Cuando ponemos por encima de todo el interés material, inexplicablemente aceptamos cosas carentes de lógica.
Lo fiado es pariente de lo dado.	Al conceder un crédito sin el adecuado respaldo, corremos el riesgo de no poder hacer efectivo el cobro.

Lo más fácil de decir es lo más difícil de hacer.	Es más fácil dar el consejo y corregir la plana del vecino, que solucionar nuestros problemas.
Lo mejor de los dados, es no jugarlos.	Advierte sobre la prudencia de evitar correr riesgos innecesarios, ni exponerse a situaciones que pueden traernos nefastas consecuencias.
Lo mucho cuídalo, y lo poco descuídalo.	Cuestión de jerarquía e importancia.
Lo que abunda no hace daño.	Con abundancia podemos saciarnos y ayudar a otros que carecen de lo necesario.
Lo que bien se aprende, nunca se olvida.	Porque quedó grabado en nuestro cerebro indeleblemente.
Lo que de día se piensa, de noche se sueña.	Cuando no solucionamos los problemas que nos angustian, fácilmente tenemos pesadillas.
Lo que de noche se hace de día aparece.	A veces por el cansancio del día cometemos torpezas al continuar trabajando más tiempo del debido, exponiéndonos a deshacer por la mañana lo hecho la noche anterior.
Lo que Dios no quiere, santos no pueden.	Por encima de la voluntad de Dios nada hay, los santos sólo son intercesores.

Lo que en el rico es"alegría" en el pobre se llama "borrachera".	En el rico las cosas son disculpables, pero al pobre todo se le censura y cambia de calificativo.
Lo que es del agua, el agua se lo lleva.	Las cosas que nos llegan fácilmente, de la misma manera se irán.
Lo que es derecho, no es chipotudo.	En lo que es recto, llano y bien intencionado, no hay altibajos.
Lo que es tuyo, te llegará.	No te afanes ni te angusties pensando si el objeto de tus deseos será tuyo, Dios lo determinará y nada lo impedirá.
Lo que fue ayer ya no será, porque el tiempo no anda para atrás.	Las cosas cambian y evolucionan, se piensa diferente, van hacia el futuro, no al pasado. Más nos vale ir en el tiempo que nos toca vivir y no aferrarnos al pasado.
Lo que ha de ser, será.	Dios determina las cosas, sobre su fin o continuidad, de nada vale preocuparnos.
Lo que me cuenten no lo creo, si no lo que veo.	Los rumores tienden a ser exagerados, lo más prudente es comprobarlos.
Lo que mucho se platica, no se hace.	De tanto dar a conocer nuestros planes, nos desalentamos y no los llevamos a cabo.

Lo que no fue en tu año, no fue en tu daño.	Si el suceso que te incomoda no sucedió estando tú en esa época, no tiene por qué afectarte.
Lo que no quiera Pedro ni Juan, aquí está Don Sebastián.	Acepto con sencillez lo que los demás rechacen y que a mí me sirve.
Lo que no quieras ver, en tu casa lo haz de tener.	Irónicamente los defectos humanos que más nos disgustan, los tienen personas muy allegadas a nosotros, inclusive bajo el mismo techo.
Lo que no sirve da más qué hacer.	La persona que resulta inepta en un puesto de trabajo, o no es idónea en una encomienda, hace todo mal y da más trabajo componer lo que hizo.
Lo que pasó, voló.	No tiene caso recordar y lamentar lo pasado.
Lo que puedo hacer por mí, no debo encargártelo a ti.	Yo debo esforzarme por finiquitar mis asuntos, no es tarea de los demás.
Lo que se aprende en la cuna, nunca se olvida.	El ser humano tiene la facultad de aprender desde la cuna, se dice que aun aprende desde el seno materno. Es por ello una gran responsabilidad su formación.
Lo que se ha de cocinar, que se vaya sancochando.	No demorar ni poner pretextos para lo que necesariamente se ha de hacer.

Lo que se teme se atrae.	Programarse mentalmente en forma negativa.
Lo que sea, que suene.	Resolver los problemas de inmediato, sin buscar pretextos para demorar su solución.
Lo que vayas a comprar, no lo has de alabar.	El vendedor sin escrúpulos, al ver tu interés, lo más probable es que aumente el precio, o deje de hacerte algún descuento.
Lo tuyo es mío y lo mío, mío.	El egoísmo de quien habla y sólo busca su propio interés; no desea llevar a cabo una sociedad equitativa.
Lo vivido nunca se olvida.	Las experiencias vividas, han marcado nuestra existencia de alguna manera, para bien o para mal.
Los amigos no necesitan explicaciones, y los enemigos no las merecen.	Los amigos se tienen confianza entre sí y no necesitan explicaciones. Los enemigos están predispuestos en contra, y por ello no merecen ninguna explicación.
Los ángeles también dan alazos.	Aunque la persona sea muy prudente y pacífica, como ser humano también tendrá sus ratos de mal humor; o bien, protesta enérgicamente cuando el derecho le asiste.

Los bienes son para remediar los males.	Ante una desgracia, se dispone de los bienes materiales que se tengan, para solucionar los problemas por los que se esté pasando.
Los caminos al infierno están llenos de buenas intenciones.	Si cumpliéramos nuestras buenas intenciones con la ayuda de Dios, estaríamos labrando nuestro camino al cielo.
Los chismes y el dinero hay que contarlos.	Los primeros satisfacen nuestro morbo, y lo segundo nos proporciona seguridad.
Los dejó barridos y regados.	Ubicó a los involucrados en su lugar. La oportuna aplicación de la disciplina a quienes lo necesiten.
Los dichos de los viejitos, son evangelios chiquitos.	Sabiduría y experiencia que nos ayuda en el camino que hemos de recorrer durante nuestra vida, el cual ya fue transitado por ellos.
Los enamorados creen que los demás están ciegos.	El amor no pasa inadvertido para los demás.
Los juicios de Dios no son los juicios de los hombres.	Dios es perfecto, nosotros no. Eso hace que sus juicios sean infinitamente diferentes.

Los lunes ni las gallinas ponen.	Después de un buen descanso dominical, por nuestra idiosincrasia somos muy flojos y apáticos para trabajar con entusiasmo al inicio de la semana. Popularmente lo llamamos "San Lunes".
Los mirones son de palo.	Lo mejor es hacer caso omiso y no involucrarse en asuntos ajenos y complicados.
Los niños y los borrachos dicen la verdad.	Porque no hay inhibiciones, y dicen las cosas como las saben, sienten o creen.
Los ojos son el espejo del alma.	Los ojos de una persona honesta miran de frente y limpiamente, lo contrario sucede con las personas de comportamiento hipócrita, quienes hablan viendo hacia otra parte y no a quien se dirigen.
Los peores plazos para pagar un adeudo son tres: tarde, mal y nunca.	Acerca de los morosos.
Los pies se mueven hacia donde el corazón quiere.	Así sucede cuando nos regimos no por lo que nos indica la razón, sino por lo que marcan nuestros sentimientos.
Los presentes se comen a los ausentes.	Se aprovecha la ausencia de quienes son el objetivo, para hacer crítica dolosa y dañina

Los seres humanos tardamos dos años en poder hablar, y el resto de la vida en aprender a callar.	En cuanto aprendemos a hablar, nuestra vida transcurre arrepintiéndonos muchas veces de haber hablado, y tratando en vano de ser prudentes y callar.
Los últimos serán los primeros	Enseñanza Bíblica, con la que damos un enfoque positivo cuando hemos de sobrellevar una larga espera.
Lunar en la boca, señal de loca.	No es verdad, pero en el ambiente de escuela primaria, ha sido usado como ataque.
Lunar en la frente, señal de valiente.	Es obvio que no es verdad que por esta señal se reconozca al valiente, es una frase que cuando se usa es para halagar al que tiene ese lunar.
Lunar en la oreja, señal de vieja.	Es también entre los escolares una forma de atacar a la mujer, movidos por misoginia.
Llenar el hígado de piedritas.	Molestar constantemente a una persona hasta hacerla desesperar.
Llorando nacen todos; riendo ninguno.	Todos nacemos llorando, pero por fortuna pronto aprendemos a reír.
Lluvia antes de las tres, buen tiempo después.	Es beneficiosa la lluvia mañanera para el campo de cultivo.

M

Machetazo a caballo de espadas.	Atacar con iguales armas a quien hace alarde de prepotencia, tan sólo por bajarle de su soberbia.
Mal de muchos, es consuelo de tontos.	No es consuelo que muchos padezcan del mismo mal. Aunque en otras ocasiones suele decirse: "Mal de muchos es consuelo de todos"
Más ablanda "Don" dinero, que sermón de misionero.	Los seres humanos somos muy materialistas y el dinero fácilmente doblega, ya que satisface nuestras ambiciones o mejora situaciones económicas.
Más conoce el loco su propia casa, que el cuerdo la ajena.	Aconseja no intervenir en los problemas ajenos, pues el que los tiene los conoce mejor.
Más conocemos a los otros, que a nosotros.	Estamos muy ciegos y pagados de nosotros mismos, como para hacernos una objetiva y honesta autocrítica.
Más daña un amigo imprudente, que un enemigo declarado.	La imprudencia de un amigo puede cometer indiscreciones que nos dañen.
Más ingenio tiene un hambriento que muchos letrados.	El hambre y la necesidad avivan el ingenio.

Más pronto se conoce al enemigo que al amigo.	El enemigo no oculta su enemistad, inclusive busca ocasión para manifestarla, pero el falso amigo se cuida para no ser descubierto.
Más sabe el diablo por viejo que por diablo.	La experiencia que adquirimos con los años.
Más vale gota de agua constante, que chorro de repente.	Preferimos poco pero constante, que mucho esporádicamente. Por ejemplo una pensión vitalicia, en lugar de una ayuda de vez en cuando.
Más vale llorarse pobre y no solo.	Es difícil sobrellevar la soledad, ya que el ser humano no es para vivir solo; en cambio, la pobreza puede soportarse con menor dificultad.
Más vale mala suerte que muerte.	De los daños que podamos sufrir, preferimos los más leves.
Más vale malo por conocido, que bueno por conocer.	Preferimos lo conocido por seguridad, a novedades que no nos garanticen un buen resultado en el cambio.
Más vale maña que fuerza.	Con astucia se resuelven mejor las cosas, que usando la fuerza física. Esto se observa sobre todo en las artes marciales.
Más vale que digan "aquí corrió" y no "aquí murió".	Es preferible huir antes que verse aniquilado.

Más vale rodear que rodar.	Escoger con prudencia el camino que, aunque sea más tardado, nos conduzca con seguridad a nuestro destino.
Más vale ser cola de león que cabeza de ratón.	Es mejor no buscar sobresalir, si sólo es para sentirnos superiores a los demás.
Más vale solo que mal acompañado.	Muchas veces buscar, andar o vivir en compañía nos trae más problemas que estar solos. A la soledad, si es lo que nos toca vivir, debemos verla como compañera o como una forma de ser libre.
Más vale sudar que estornudar.	Prudente medida que nos invita a protegernos, si el clima pone en peligro nuestra salud.
Más vale tarde que nunca.	Cumplir con nuestros compromisos aunque sea tardíamente.
Más vale torre hecha, que castillo por hacer.	No esperemos obtener grandes logros, seamos diligentes y alcancemos pequeños triunfos.
Más vale un "toma" que dos "te daré".	"Toma" es una realidad instantánea, mientras que "te daré", significa una promesa que no sabemos si será cumplida.

Más vale una colorada que cien descoloridas.	La conveniencia de hablar y dejar perfectamente definidas las situaciones, para que no existan ambigüedades que luego causen confusión, por no haber sido claros.
Matrimonio de pobres, fábrica de limosneros.	Las parejas en extrema pobreza suelen ser muy prolíferas.
Me gustan grandotas, aunque me peguen.	Piropo que los varones emplean ante una dama de alta estatura.
Me hace los mandados, y se come los pilones.	No le tengo miedo, en nada me perjudica.
Me retiro de la danza por falta de sonaja.	Me retiro por desilusión o por falta de elementos para continuar.
¿Me sabes algo, o me hablas al tanteo?	¿Estás acusándome, o sólo estás suponiendo?
Me siento como el niño de San Antonio, con la sonrisa en la boca, pero sentado encima de una estaca.	La imagen de San Antonio la conocemos con un niño Dios sonriente sentado en el brazo, pero obviamente está clavado en una estaca, para guardar esa posición. Con la frase que citamos queremos decir que sonreímos aunque las penas nos agobien.
Me viene a ver y se irá de paso.	Con seguridad y valentía estamos dispuestos a enfrentar al enemigo.

Mejor es bien quedada, que mal casada.	Si el proyecto matrimonial en puerta parece vaticinar grandes problemas, mejor es no casarse. Actualmente el matrimonio no es la única realización plena de la mujer, como ser humano.
Mejor ven otro día, porque aquí está mi tía.	A quien le tenemos mucha confianza y en ese momento no le podemos dar la atención que merece, se lo decimos en broma.
Menea la cola el can, pero no por ti, sino por el pan.	A las personas poco conocidas que nos halagan u obsequian, de seguro les motiva un interés.
Mete cordón para sacar listón.	La mala amistad nos confía cualquier tontería, para ver si obtiene de nosotros alguna información de algo más sustancioso para satisfacer su morbo, y posiblemente para mal emplearla en la primera oportunidad que tenga.
Mezcal para todo bien y para todo mal también.	Referente a medicamentos "cúralo todo". También es un pretexto para los adictos a la bebida.
Mi masa no es para hojaldras.	Mi tiempo, mis conocimientos, mis posibilidades, no son para emplearlas en tonterías.
Mientras es o no es, te encarcelan un mes.	Frase acuñada por el pueblo, para hacer alusión a las injusticias en las que con frecuencia incurren nuestras autoridades.

Mientras hay vida, la esperanza no está perdida.	Mientras Dios nos conceda el don de la vida, tendremos oportunidad de encontrar la solución a nuestros problemas.
Mientras viva el deudor, la deuda no está perdida.	En tanto exista la persona que tiene pendiente de finiquitar algún adeudo con nosotros, nada está perdido. Pero es muy conveniente darle celeridad al cobro cuanto antes.
Mira tus culpas y penas, y no mires las ajenas.	Ya tenemos suficiente con nuestros problemas como para inmiscuirnos en los ajenos.
Mira y verás, busca y hallarás.	Mirar y ver son cosas distintas. Es una invitación a observar detenidamente y así obtendremos lo que buscamos.
Mucha miel empalaga.	Tantas alabanzas mortifican, molestan e incomodan. Además, nos hacen desconfiar de quien las pronuncia.
Mucho ayuda quien no estorba.	Si no tenemos los debidos conocimientos para ayudar, lo mejor es hacerse a un lado, para no obstaculizar a quienes sí pueden hacerlo.
Mucho ruido y pocas nueces.	Hacer gran alboroto por nimiedades, o bien anunciar con gran publicidad eventos irrelevantes.

Muerto el perro, se acabó la rabia.	Si el motivo que originó el problema ha desaparecido, es tiempo perdido continuar con alegatos.
Mujer al volante, peligro constante.	Muchas damas, no todas, al manejar su vehículo confunden la prudencia con la torpeza y con su falta de pericia, en un ambiente machista, hacen que se etiquete a todas con esta frase; además de causar trastornos con su impericia al resto de los conductores.
Mujer recién parida, ni limpia ni acomedida.	Porque concentra toda su atención en el bebé recién nacido, alimentándolo y aseándolo.
Mujeres juntas, sólo difuntas.	Las mujeres somos más competitivas entre sí, fácilmente se nos caldean los ánimos y surgen rivalidades y problemas. Los hombres son más fríos entre ellos en el ambiente de trabajo. Ahí es donde se advierte más la realidad de esta frase.
Murió San Francisco, siendo un portento, y no hizo falta en el convento.	Siempre habrá quien pueda suplirnos.
Música pagada, toca mal son.	Un pago anticipado no garantiza el cumplimiento de lo pactado.

N

Nada es verdad, nada es mentira, todo es según el cristal con que se mira.	Cada quien ve las cosas de diferente manera, y generalmente no somos objetivos, sino que nos inclinamos a lo que sí deseamos ver.
Nadie da lo que no tiene.	Ni material ni espiritualmente podemos dar a los demás lo que no tenemos.
Nadie diga quién es, sus obras lo dirán.	Solemos alardear de nuestros alcances, pero la verdad irrefutable acerca de nosotros mismos, lo dirán nuestras acciones.
Nadie es profeta en su tierra.	Las personas de nuestro entorno, muchas veces por envidia, no reconocen nuestros logros, ya se trate del lugar en que nacimos o donde vivimos.
Nadie está contento con su suerte.	Por diferentes causas creemos que merecemos estar en mejor situación. Nos falta valorar nuestras realidades y hacerlas crecer, en lugar de soñar con utopías.
Nadie experimenta en cabeza ajena.	Nos sobrestimamos y creemos que triunfaremos donde los demás fracasaron. Desestimamos su experiencia, la que nunca está de más reflexionar y tener en mente.

Nadie la brinca sin guarache.	Generalmente hacemos las cosas por interés, para obtener la mejor ganancia con nuestra participación.
Nadie mira su pie que cojea.	Criticamos a los demás sin ver nuestros defectos, y queremos corregir lo que no es de nuestra incumbencia.
Nadie muere la víspera, sólo los guajolotes.	El término de nuestro ciclo de vida está determinado únicamente por Dios, y no sucederá ni antes ni después. La frase se refiere a que los guajolotes o "pavos" mueren la víspera del día de la fiesta, principalmente en Navidad.
Nadie nos mete en problemas, uno solo se mete.	No necesitamos ayuda para involucrarnos en dificultades.
Nadie sabe el bien que tiene, hasta que lo ve perdido.	No valoramos en el presente a nuestros amigos, a la salud, o los bienes materiales, sino que nos concretamos a disfrutarlos y a usar de ellos, y los extrañamos cuando ya no están, ya que nada es eterno. Hay que valorar y agradecer lo que tenemos ahora.

Nadie sabe para quién trabaja.

Quien sólo vivió trabajando, ahorrando lo más posible en forma avariciosa, absteniéndose de procurarse un moderado y merecido bienestar, lamentablemente serán otras personas las que a su muerte disfrutarán lo que no les costó esfuerzo alguno lograr.

Nadie se queja sin que le duela.

Una queja es señal de malestar físico o inconformidad ante una situación injusta que le atañe en lo personal.

Neblina en el cerro, señal de aguacero; neblina en el llano, señal de verano.

Creencia campirana para calcular el clima que habrá de sobrevenir a sus siembras. Señales que en la actualidad ya no son confiables, debido a los cambios climáticos.

Ni fíes ni te confíes, ni prestes ni des, y seguro te saldrán las cuenta a fin de mes.

La cautela, inteligencia y sagacidad, son las mejores garantías para una administración exitosa.

Ni para Dios ni para el diablo.

En una disputa, cuyo fundamento es el egoísmo y no la búsqueda de una solución equitativa, el objeto que ocasiona la pelea termina sin ser para las partes.

Ni son todos los que están ni están todos los que son.	Así nos referimos con frecuencia en lo relativo a los Reclusorios, ya que muchos culpables impunemente están libres, y muchos inocentes, o por incurrir en nimiedades, están encarcelados. Lo aplicamos también a los invitados a una reunión a la que no acudieron todos.
Ni tanto que queme al santo, ni tanto que no lo alumbre.	Aconseja evitar actitudes extremas.
Ningún jorobado se ve la joroba.	Tenemos vista muy aguda para ver los defectos ajenos, pero estamos completamente ciegos para ver los propios.
Ninguno oye su ronquido, pero sí el de su vecino.	Principalmente en Unidades Habitacionales, los condóminos nos quejamos de las molestias que nos dan los vecinos, y descuidamos observar si nosotros incurrimos en un comportamiento similar.
No a todos les está el puro, sólo a los hocicones.	Lo que a unos queda bien, para otros no es aconsejable.
No bebas agua que no veas, ni firmes documento que no leas.	Un llamado a ser precavido y prudente.
No canta tan mal las rancheras.	También tiene lo suyo, comete los mismos errores.

No debas a nadie, sino a Dios el alma.	Carecer de deudas es gran alivio.
No deja títere con cabeza.	A nadie deja sin sacarle provecho. Y si se propone perjudicar, con todos lo hace.
No dejes para mañana lo que puedas hacer hoy.	El hoy es lo que tenemos con seguridad, el mañana no sabremos si lo veremos.
No dejes para otra hora lo que puedas hacer ahora.	No posponer lo que tenemos pendiente. Procuremos ser diligentes, ya que el tiempo no nos pertenece.
No digas mal año, hasta que haya pasado.	No te programes negativamente, espera con fe siempre lo mejor.
No enciendas fuegos que no puedas apagar.	No despiertes sentimientos, ni causes problemas a los que no te sea posible darles solución.
No enseñes a tus hijos a comer pescado, enséñalos a pescar.	Enseña a tus hijos a valerse por sí mismos, y no a depender o sacar ventaja de los demás.
No es limpia la que limpia, sino la que no ensucia.	Sé práctica y optimiza tu tiempo y los utensilios para tus labores domésticas. Y al final del día te quedará un tiempo para descansar.
No es lo mismo "Chana", que "Juana".	Aunque las situaciones nos parezcan similares a simple vista, observemos con detenimiento y notaremos la diferencia.

No es lo mismo ser manso, que ser menso.	Una cosa es la prudencia y otra la falta de inteligencia. Por lo que algunos confunden y juzgan equivocadamente la actitud ajena.
No es lo mismo ver los toros que capotearlos en el corral.	No es lo mismo ver las cosas a distancia y darnos a la tarea de criticar, que ponernos en el lugar de quienes criticamos.
No es lo mismo: "Los Tres Mosqueteros" que "Veinte años después."	Son los títulos de dos famosos libros. El mensaje es que el tiempo transcurre y todo cambia y a nosotros también, tanto física como mentalmente.
No es molestia lo que causa placer.	Una zalamera respuesta a quien se mortifica porque le procuremos atenciones.
No escupas al cielo porque en la cara te cae.	No seamos irónicos, no condenemos ni censuremos las actitudes, defectos o limitaciones de los demás; ya que a futuro muy posiblemente estaremos en situación similar o peor, pues también somos seres humanos.
No esperes que haga tu amigo lo que tú pudieres.	No abusemos de la amistad sacándole provecho para nosotros mismos; importunemos lo menos posible a nuestros amigos.
No está el horno para bollos, ni el panadero para hacerlos.	No es el momento oportuno para tratar o hacer algo.

No está el palo para cucharas, ni el cucharero para hacerlas.	Evitar prudentemente importunar a la persona que está pasando por una difícil situación o un estado de mal humor.
No estar de cara a Dios, es desgracia mayor.	Con Dios todo se logra, sobre todo la paz; reconozcamos objetivamente nuestras obligaciones, potencial, y limitaciones.
No falta un pelo en la sopa.	Es difícil que las cosas resulten "perfectas", aunque se hayan planeado meticulosamente.
No hables de lo que no sabes.	Con una actitud así sólo demostramos nuestra ignorancia, y corremos el riesgo de hacer juicios temerarios.
No hagas a otro lo que no quieras para ti.	Porque si lo hacemos premeditadamente, tarde o temprano lo habremos de pagar.
No hagas castillos en el aire.	Tus planes considéralos en su justa dimensión, ubícate y no sueñes con utopías.
No hagas cosas buenas que parezcan malas.	Evitar actitudes que se interpreten ambiguamente.
No hagas leña del árbol caído.	No te aproveches de la persona que ha caído en mala situación y se encuentra indefensa.

No hagas los becerros pandos.	Frase campirana cuyo mensaje es que no consideremos como realidades lo que apenas son planes.
No hagas tempestad en un vaso de agua.	No caer en situaciones de pánico, dejándonos angustiar por pequeños problemas.
No hay atajo sin trabajo.	Buscar hacer las cosas de manera más corta o más fácil, puede ocasionarnos mayor dificultad.
No hay borracho que coma lumbre, ni loco que se desbarranque	Generalmente ni está tan borracho, ni tan loco como para no darse cuenta de sus actos; tan es así que tienen instinto de supervivencia, sólo que manifiesta su irresponsabilidad por la alteración mental o el influjo del alcohol.
No hay carga más pesada, que tener la conciencia cargada.	Ni de día ni de noche nos concede descanso, inclusive podemos ser víctimas de pesadillas.
No hay cerro que se le empine, ni cuaco que se le atore	La persona tenaz, que tiene mucha energía y una gran seguridad en sí misma, supera con esfuerzo todos los obstáculos y alcanza sus logros.
No hay cosa más pesada que una deuda recordada.	Qué penoso es que nos recuerden un adeudo cuando atravesamos, momentáneamente, una situación económica muy difícil.

No hay día sin lección.	Afortunadamente, cada día es diferente y de cada uno podemos aprender. Así es como vamos adquiriendo experiencia.
No hay día sin noche, ni noche sin día.	En esta vida no hay dicha por siempre, ni pena que no tenga fin.
No hay dulzura sin amargura.	La felicidad en este mundo nunca es total; eso nos recuerda que sólo estaremos un tiempo en él.
No hay enemigo pequeño.	No subestimemos al enemigo, ya que puede darnos una desagradable sorpresa.
No hay fecha que no se llegue, ni plazo que no se cumpla.	Todo llega a su tiempo e irremediablemente los plazos se cumplirán.
No hay mal que dure cien años, ni cuerpo que los resista.	Todo es finito, nada es eterno, sólo Dios.
No hay mal que por bien no venga.	Siempre encerrado en la desgracia viene algún beneficio. La tarea es descubrirlo.
No hay más cera que la que arde.	No hay reserva, sólo lo que está a la vista.
No hay mejor amigo ni hermano, que dinero en mano.	Solucionemos nuestros problemas procurando tener, a manera de reserva para imprevistos, algo de recursos económicos, sin molestar a los amigos.

No hay mejor amigo, que un peso en la bolsa.

Aplicación igual al anterior.

No hay mejor lotería, que salud, trabajo y economía.

Estos tres elementos garantizan lo más posible un bienestar seguro; mientras que el premio mayor de la lotería durará poco si no se sabe administrar, o no se ha logrado ese dinero con esfuerzo, como para valorarlo y cuidarlo.

No hay mejor Universidad, que la necesidad.

La necesidad aguza el ingenio, y nos hace ser creativos, audaces, valientes y productivos para solucionar nuestros problemas. Pues hemos sido dotados con el potencial suficiente para ello.

No hay nada más cierto ni más incierto que la muerte.

La muerte es de lo único que podemos estar ciertos; lo incierto es que no sabemos cuándo nos visitará.

No hay noticias, es señal de buenas noticias.

Las malas noticias vuelan con gran rapidez, de manera que al no haber novedades damos por echo que todo marcha bien.

No hay pan sin afán.

Los ingresos son indispensables para comer, y no se consiguen sin luchar por ellos.

No hay peor ciego que el que no quiere ver.

La obstinación humana al no aceptar lo que nos está siendo demostrado, por no ser de nuestro agrado.

No hay peor lucha que la que no se hace.	Aunque parezca imposible vencer los retos que se nos presentan, lo único que tenemos que hacer es luchar denodadamente para lograrlos.
No hay platillo más sabroso que el de la casa ajena.	La invitación de los anfitriones nos hará probar sus especialidades, que significarán una variedad para nuestro paladar.
No hay que echar las campanas a vuelo todavía.	No proclames un triunfo hasta que lo hayas alcanzado.
No hay que poner todos los huevos en una sola canasta.	No poner nuestra esperanza en la realización de un solo plan, ni el dinero en una sola inversión, hay que crear variadas opciones.
No hay que remar cuando el mar está picado.	Evitar exponerse cuando el peligro es inminente. Tampoco involucrarse cuando los ánimos están caldeados.
No hay quinto malo.	Número cabalístico que muchos consideran de buena suerte.
No jales, que descobijas.	Evita hacer esos comentarios, porque me siento aludido.
No juegues con fuego porque te puedes quemar.	Es peligroso que actúes con ambigüedad en asuntos delicados.
No le busques mangas al chaleco.	No busques ni veas problemas donde no los hay.

No le busques ruido al chicharrón.	Si sabes que puedes acarrearte problemas, evita inmiscuirte.
No le busques tres pies al gato, sabiendo que tiene cuatro.	No insistas en causar molestias porque las cosas se te pueden revertir.
No le creas al que se dice santo, sino hasta que le veas un milagro.	No le creas a quien se jacte o haga alarde de sus hazañas, o sus riquezas, hasta que a ti te consten.
No le des patadas al pesebre.	Nunca ataques a quien siempre te beneficia, porque aparte de cometer ingratitud, perderás su amistad y ayuda.
No le eches más leña a la hoguera.	Si ves discusiones o ánimos caldeados, no te involucres, así no aumentarás el conflicto.
No le llora con un ojo, sino con los dos.	Quien pierde al ser que ama o algo que le es sumamente valioso e indispensable.
No me digas lo que puedes ni lo que sabes, sino a quién conoces.	Desafortunadamente, no bastan los conocimientos y experiencia que se tengan, sino las influencias con que se cuente. Aplicable también en lo referente a obtener trabajo; así como para que prospere un asunto legal y se haga justicia.
No me importa qué conejos salgan de qué sombrero.	No me interesa lo que hagas, pero cumple tu compromiso.

No necesito vejigas para nadar.	("Vejiga", nombre que se les da a las bolsas de aire para sujetarse dentro del agua a manera de salvavidas). Quiere decir que pueden hacerse las cosas sin ayuda.
No por mucho madrugar amanece más temprano.	Muchas cosas requieren su propio tiempo, al cual debemos adaptarnos, pues de nada vale tratar de adelantarnos.
No pregunto cómo, sino cuándo.	La impaciencia ocasionada por esperar demasiado lo prometido. Peor si nos es muy importante.
No puede negar la cruz de su Parroquia.	Sus costumbres delatan su origen, o su apariencia los lazos familiares.
No puede ver ojos en cara ajena.	La envidia que no tolera el bienestar ajeno.
No quieras un Dios para ti y otro para los demás.	No busques justificación para ti y culpabilidad para los demás.
No respondo chipote con sangre, sea chico o sea grande.	No te interpongas en mis planes, porque puedes resultar perjudicado.
No sabes el alacrán que te echaste encima.	No sabes lo nociva que es la persona con quien te involucraste (o te enemistaste).
No se anda con medias tintas.	La persona que es clara en la exposición de su criterio, o bien que no deja las cosas que emprende sin terminar.

No se anda por las ramas.	Quien directamente y sin rodeos enfoca la problemática y expone su forma de pensar sin titubear.
No se hizo la miel para la boca del asno.	Quien por ignorancia desaprovecha lo mejor de lo que se le brinda, en una oportunidad única. O bien cuando uno mismo se descalifica por baja autoestima.
No sé ni dónde quedó colorado.	Estoy confundido y desorientado.
No sé ni quién le pegó a Lucas.	También en esta frase se demuestra estar confundido, y no estar enterado del tema que está tratándose.
No sé por qué Dios le da pañuelo al que no tiene nariz.	Con nuestra escasa inteligencia pretendemos cuestionar a Dios, ante lo que nos parece incongruente.
No se puede chiflar y comer pinole.	No pueden hacerse dos cosas diferentes al mismo tiempo.
No se puede estar en el coro y andar en la procesión.	Tomando en cuenta esta advertencia, procuremos organizar nuestro tiempo al adquirir compromisos y así evitar quedar mal por incumplimiento.
No se pueden tener todas las glorias.	Desearíamos tener siempre felicidad y nunca desgracias, pero no es posible. Tampoco podemos lograr éxito en todo.

No se trata del modelo, sino del kilometraje.	Cuando una persona denota mayor edad de la que tiene, debido a una vida de excesos.
No seamos, para que no nos digan.	No demos impresión de ser tontos para que no seamos juzgados como tales.
No siempre lo que se quiere se puede.	No se puede lograr todo lo que deseamos.
No son todos los días iguales: unos traen bienes y otros males.	Afortunadamente la vida no es monótona, y nos trae bienes que nos descansan, y problemas que nos incentivan para salir adelante.
No te acostumbres a la miel, que pronto te darán hiel.	Es un hecho que la vida nos trae dicha y desdicha, de lo cual debemos estar conscientes.
No te aprietes "garnacha", que está escaso el aceite.	En México "garnacha" es un cierto tipo de tortilla gruesa de masa de maíz que se fríe y se le agrega algún guiso de elección. Significa un llamado a la flexibilidad y evitar caer en la obstinación, lo que colmaría la paciencia.
No te arrugues cuero viejo, que te quiero para tambor.	No me falles, no te acobardes, ahora que más te necesito.
No te azotes, porque hay chayotes.	Frase popular en que invitamos al presuntuoso a no excederse.

No te dejes llevar por el canto de las sirenas.	Sé realista y no te dejes llevar por las alabanzas, o por las grandes ganancias que prometen obtendrás de un negocio.
No te fíes del enemigo que parece dormir.	Mantente alerta para que tu enemigo no te sorprenda.
No te metas donde no te llaman.	Una invitación a ser prudente y discreto, para no correr el riesgo de que te llamen "metiche".
No te pongas a contar dinero delante de los pobres.	No hagas ostentación alguna ante quien carece de tu abundancia.
No te revientes reata, que es el último jalón.	No desistamos, no obstante el cansancio que experimentemos y la ansiedad que nos invada, cuando ya casi obtenemos el logro por el cual tanto hemos luchado.
No tengas deudas con ausentes, ni cuentas con parientes.	Difícil pagarías a los ausentes pretextando su lejanía, y con parientes son problemáticos los asuntos de dinero.
No tengas miedo del día que no has visto.	No debemos temer al mañana, porque no sabemos cómo vendrá, o bien si llegará para nosotros.
No tiene la culpa el indio, sino el que lo hace compadre.	No le encomiendes ni le exijas a nadie lo que esté lejos de su capacidad. Encomiéndalas a quien tenga los debidos conocimientos.

No tiene vela en este entierro.	Negarle la participación a quien nada tiene que ver en el asunto que estás tratando.
No tires, que acá das.	Tus críticas están aludiéndome.
No todo es vida y dulzura.	Con mucha frecuencia en nuestra vida, tenemos buena parte de amargura.
No todo lo grande es bueno, pero todo lo bueno es grande.	Diferencia en lo que es sólo apariencia que deslumbra, de lo que en realidad es bueno y correcto, aunque no lo parezca.
No todo lo que relumbra es oro.	No te dejes llevar por una buena impresión que te haga juzgar únicamente por las apariencias.
No todos los que llevan espuelas tienen caballo.	Lo que parece ser, no lo consideremos una realidad, hasta que lo hayamos comprobado.
No vine por hambre, ya la traía.	Nos justificamos en broma al demostrar un gran apetito, cuando nos invitan a una comida.
Nunca digas: "De esta agua no beberé", por muy sucia que esté.	El futuro es imprevisible, así como nuestro desempeño en el tiempo, por lo que no debemos censurar las fallas que hoy vemos en los demás, pues posiblemente en un futuro también las cometeremos iguales o peor.

Nunca es tarde, si lo que llega es bueno.	Los bienes o buenas noticias a cualquier hora y en cualquier tiempo, son bien recibidas.
Nunca se sabe con cuál pata dará la mula la patada.	Invita a estar alerta ante lo inesperado. Sobre todo en relación con las personas dañinas, y peor si nos tienen antipatía.
Nunca un peligro se vence sin correr peligro.	La situación de peligro que tratamos de vencer, nos coloca invariablemente dentro de su mismo riesgo.

O

O te aclimatas o te aclimueres.	Más te vale aceptar de buen grado la situación como se te presenta, pues si te revelas, seguro la pasarás peor.
Obras son amores, y no buenas razones.	Lo que ponderamos, exponemos o recomendamos no lo dejemos sólo en palabras, llevémoslo a la práctica.
Ocúpate viviendo o muriendo.	Concéntrate en el "hoy", y vívelo con intensidad, ya que irremediablemente vamos avanzando hacia nuestro final.
Ocúpate, no preocúpate.	Mantente ocupado, así alejarás las preocupaciones.

Oír, ver y callar.	Estos tres consejos nos traen la prudencia necesaria para vivir en paz con nosotros mismos y con los demás evitando problemas.
Oirás y verás, y de nada te espantarás.	Tener un buen criterio y no escandalizarse por cualquier cosa.
Ojalá sea chicle y pegue.	La esperanza de acertar.
Ojos que no ven, corazón que no siente.	No veamos lo que puede causarnos pena, y así evitaremos sufrir por ello.
Otra vez muerto, ¿me persigues?	Le decimos a quien impertinentemente nos molesta repetidas veces con el mismo asunto.
Otro gallo le cantara si buen consejo tomara.	Su situación sería mejor si prestara oídos a los buenos consejos que le dan.
Oye los consejos de todo el mundo y sigue el tuyo.	Es saludable escuchar qué piensan los demás, evaluar, considerando las propias situaciones, y con inteligencia tomar nuestras propias decisiones.
Oye pasos en la azotea.	Quien tiene cierta paranoia, piensa que le vigilan, persiguen o acosan. Se dice de los padres que tienen hijas casaderas.

P

Padre de los de fuera y padrastro de los de dentro. Quien es amable con los extraños, pero desquita sus tensiones en su entorno cercano o en su ambiente familiar.

Pagan justos por pecadores. Lo decimos a manera de queja cuando nos toca sufrir un castigo que creemos no merecer.

Palo dado, ni Dios lo quita. Lo hecho así quedará. Podremos quizá atenuar las cosas o tratar de remediarlas, pero el tiempo no camina hacia atrás para evitar el hecho inicial.

Pan con cordonazo. Recibimos un bien pero al mismo tiempo nos ocasionan un malestar.

Pan duro, pero seguro. La seguridad que nos brinda una pensión constante y segura, aun cuando sea poca.

Papelito habla. Los compromisos, títulos o grados de escolaridad, deben avalarse con documentación que certifique su veracidad.

Para donde apunte el guarache. Cuando vamos de paseo y no hemos planeado un rumbo y decidimos improvisar.

Para el diablo, la mejor ganzúa es el dinero. El dinero es la mejor arma para ocasionar daños.

Para el santo que es, con un solo repique tiene.	Si la persona no nos es muy importante, es innecesario esmerarse demasiado.
Para gato viejo, ratón tierno.	Un hombre mayor que hace pareja con una joven.
Para ir a Misa o al molino, no esperes al vecino.	Cumple tus obligaciones en forma individual, sin depender de otros.
Para lo que he de durar en este Convento, me hago aquí adentro.	Cuando en algún sitio donde se está presente, hemos sido tan mal tratados, ya no nos resulta grata la estancia, por lo que poco nos importa lo que debamos hacer ahí, ya que pensamos abandonar cuanto antes ese lugar.
Para lo que no quieras hacer, pretextos has de poner.	Cuando no deseamos desempeñar una tarea, nos sobran motivos para no hacerla.
Pa´ los toros del Jaral, los caballos de allá mesmo.	Quien es nativo de un lugar conoce el terreno para desenvolverse mejor. (Jaral del Progreso, es una pequeña ciudad del Estado de Guanajuato, en la zona del Bajío). Esta frase se toma para ejemplificar lo que puede aplicarse en todas partes.
Para muestra, basta un botón.	Con un poco conocemos el resto.

Para que la cuña apriete, tiene que ser del mismo palo.

("Cuña", es una pieza en ángulo que termina en forma aguda, utilizada para dar firmeza a la pieza principal). Se aplica esta frase cuando para solucionar un problema con una persona, hay que ponerle a alguien igual, pero que esté de nuestra parte y así obtener un buen resultado.

Para qué mirar lo que no conviene desear.

No te pongas en tentaciones que pueden ocasionarte mayores daños.

Para qué tanto brinco, estando el suelo tan parejo.

No compliquemos la solución de algo que resulta tan simple, y que es tan sencillo llevar a buen término.

Para quedar mal, no se necesita ayuda.

Los seres humanos cometemos tantos errores, que no necesitamos ayuda para equivocarnos.

Para quedarte soltera, santíguate una vez, para ser monja santíguate dos, y para casarte santíguate tres.

Nos hace reflexionar sobre la ayuda de Dios que debemos implorar al elegir el estado de vida al cual seamos llamados. Además, clarifica en cuál de ellos requerimos ayuda especial.

Para uno que madruga, otro que no se duerme.

Para un inteligente otro que le supere y además, sea astuto y audaz.

Parece bajado del cerro a tamborazos.	Decimos de quien es extremadamente tímido y nervioso, y se le dificulta desenvolverse socialmente. Por falta de comprensión, se le critica haciéndole sentir que es rústico y agreste.
Parece chivo en cristalería.	Quien se mueve con torpeza entre cosas muy frágiles.
Parece fríjol en olla.	Se encuentra en un espacio muy grande para sí mismo.
Parece mosca muerta.	Da la impresión de ser una persona incapaz de ocasionar problema alguno, siendo la realidad completamente diferente.
Parece que no rompe un plato.	La persona que se comporta con ingenuidad e inocencia, siendo todo lo contrario.
Parecen uña y mugre.	La amistad que se lleva con mucha afinidad, sinceridad y solidaridad.
Peca más el que pierde que el que roba.	Porque hacemos especulaciones, pensando en posibles culpables quienes pueden ser inocentes.
Pelillos a la mar.	No te acongojes ni hagas caso de cosas sin importancia.
Perder los estribos.	Perder el control de sí mismo, cuando lo que se nos presenta supera nuestra paciencia.

Perejil de todas las salsas.	Quien gusta de estar presente en todos los eventos, sin invitación y sin que le concierna.
Perro de rico, rico perro; perro de pobre, pobre perro.	La situación de una mascota está determinada por el nivel económico de su dueño.
Perro no come perro.	Quienes son de la misma calaña no se agreden entre sí.
Perro que ladra no muerde.	Cuando escuchamos muchas amenazas, que afortunadamente sólo eso son.
Pican más los celos que las pulgas.	Los celos, cuando no se lucha por erradicarlos, corroen y sin remedio destruyen el amor de la pareja.
Piedra que rueda no se enmohece.	Persona emprendedora, creativa, que siempre está haciendo innovaciones y de ninguna manera se estanca en su crecimiento.
Piensa mal y acertarás.	A veces las cosas son tan obvias, que "pensar mal" equivale a acertar.
Plata es la ciencia y oro la conciencia.	Lo que la sana conciencia aconseja, es sumamente valioso y digno de tomarse en cuenta.

Pobre del pobre si al cielo no va, fregándose aquí y fregándose allá.	Cuando nos falta fe nos desesperamos, y pensamos que la hemos pasado tan mal en la vida, que sería el peor de los males encontrarnos después de la muerte con situación adversa.
Poco a poco se anda lejos.	Paciencia y perseverancia son indispensables para avanzar siempre.
Poco veneno no mata.	Lo que por prescripción médica nos ha sido prohibido, pensamos que si tomamos un poquito no nos hará daño.
Pocos pelos, pero bien peinados.	Pocas razones, pero bien fundamentadas para salir adelante en una situación difícil. También se aplica al coraje de quien defiende sus derechos enérgicamente.
Podemos pasar del rayo, pero de la raya no.	Nuestro ciclo de vida tiene un final, y nada hasta entonces nos quitará la existencia.
Poderoso caballero es Don dinero, cuánto tienes, cuánto vales.	Ante el mundo material, nuestra valía está basada en nuestras posibilidades económicas y de poder.
Podrás arrepentirte de haber hablado, pero jamás de haber callado.	En el mucho hablar es fácil decir cosas de las que siempre nos arrepentiremos. Lo que se evita procurando hablar sólo lo necesario.

Polos opuestos, se atraen.	Lo aplicamos a quienes forman una pareja cuyos integrantes son totalmente opuestos entre sí.
Poner los puntos sobre las íes.	Quien pone muy en claro su posición, a fin de evitar malos entendidos.
Poner la Iglesia en manos de Lutero.	Martín Lutero tuvo ideas contrarias a la Iglesia Católica. Aplicamos esta frase para indicar que no pondríamos nuestras cosas o planes en quien piensa diferente.
Poner las peras a veinticinco.	Ubicar a la persona en su justo lugar dentro de los límites fijados en una disciplina.
Por "angas" o por "mangas".	Por una cosa u otra (hemos dejado de hacer lo que debíamos).
Por aquello de las recochinas moscas.	Tomamos medidas precautorias, a fin de evitar males.
Por donde brinca la chiva grande, brinca la chiquita.	Siempre copiamos la forma de ser de quien admiramos, porque le tomamos como ejemplo a seguir.
Por donde menos se espera, salta la liebre	La solución surge donde menos se espera.
Por las vísperas se conocen los días.	Observando el comportamiento actual de una persona, podemos deducir cómo habrá de proceder a futuro.

Por lo que uno tira, otro suspira.	Ante el despilfarro de cosas que a otros les son indispensables.
Por no guardar la nata, se la comió la gata.	Nos descuidamos de algo importante, y se echó a perder, o se nos frustró.
Porque otro se tire por un balcón, no voy a tirarme yo.	Nuestra amistad y solidaridad tienen como límite nuestras posibilidades y buen criterio.
Presta para la orquesta, que nada te cuesta.	En broma, pero con decisión, sacar provecho (moderadamente) de quien nos merece confianza, y que se cruza en nuestro camino.
Presume de pavo real y no llega ni a zopilote.	Quien hace ostentación de lo que no tiene.
Pretende espantar con el petate del muerto.	Antiguamente en vez de féretro, para las personas fallecidas en extrema pobreza, se les sepultaba en fosa común envueltas en un "petate", que es un tejido hecho de palma. Aplicable a quien quiere amedrentar argumentando nimiedades.
Pretende tapar el sol con un dedo.	Quien trata de ocultar lo que salta a la vista, o que es obvio, se le escapa de las manos y no puede ocultar.
Primero muertos que llegar tarde.	Cuando se corren riesgos sin tomar las debidas precauciones, tan sólo por competir, tomando las cosas a la ligera.

Primero yo, después yo, al final yo y si queda algo, es para mí.	Actitud totalmente egoísta.
Procura disimular la ofensa que no puedes vengar.	La venganza a nada conduce, y si estás en desventaja, podrías quedar en situación peor.
Procura ser lo que quieres parecer.	Si lo que otros piensan de ti es superior a lo que en realidad eres, esfuérzate por ser como los demás creen, y saldrás beneficiado.
Prostituta temprana: beata tardía.	La joven que desde temprana edad vivió de manera equivocada, y en el ocaso de su vida, se arrepiente y se refugia en la religión
Pueblo chico, infierno grande.	Situación de enfrentamientos, calumnias, chismes, etc., que se atribuía a pueblos pequeños. Pero en mi personal opinión, no es patrimonio exclusivo de esos lugares; sucede en todas partes, en el ambiente más cercano a nosotros, sea trabajo o vecinos en condominio, y muchas veces son ocasionados por envidias.
Puerta sin llave, quien quiere la cierra y quien quiere la abre.	Las puertas y las cerraduras se hicieron para mantener a buen resguardo lo que consideramos importante, de lo contrario todo está a disposición de cualquiera.

Q

Qué bonito es lo bonito, y a quién no le va a gustar.

Tenemos un sentido innato de las cosas bellas, con las que siempre nos sentiremos cómodos y contentos.

Qué bonito joronguito estás tejiendo.

Cómo estás molestando. (¡Cómo jodes!)

Qué culpa tiene San Pedro de que San Pablo esté pelón.

Yo no tengo la culpa de lo que te pasa, así que no te desquites conmigo.

Qué chiquito es el mundo.

En donde menos lo esperamos, encontramos a personas conocidas, en un lugar inesperado, u otra ciudad.

Qué sabe el burro acerca de frenos.

El freno se emplea sólo para el caballo, el cual se destina para superiores tareas o eventos; el burro es sólo una humilde y abnegada bestia de carga. Lo aplicamos a quien por su ignorancia sólo conoce lo que ha aprendido de su entorno.

Que sienta el cuerpo lo que recibe.

Saboreemos con toda intensidad lo que nuestros sentidos puedan percibir.

Qué tan mala será el agua, que hasta la bendicen.

Disculpa de las personas adictas al alcohol, para justificar su vicio.

¿Qué te debo que tan seguido me cobras?	Cuando nos vemos perseguidos o atacados por alguien e ignoramos el motivo.
Que tu mano derecha no sepa lo que hace tu izquierda.	Si hacemos una buena obra, que sea discretamente, sin pregonarla ni de palabra ni con fanfarrias.
Quedó como el perro de Doña Cleta: nunca salía y el día que lo hizo le quebraron el hocico.	A quien se le ocurre llevar a cabo algo por primera vez sin haberlo planeado inteligentemente, y en consecuencia le da un mal resultado.
Querer es poder.	Sólo se necesita un punto de apoyo y lograremos lo que deseamos.
Quien a su hijo consiente, alimenta una serpiente.	Si no se educa al niño desde la cuna, habrá de lamentarse su futuro y de quienes le vayan a rodear.
Quien adelante no acostumbra mirar, atrás se ha de quedar.	Hay que prever hacia el futuro, a fin de que éste no nos sorprenda en desventaja.
Quien al malo defiende, al bueno ofende.	No puede andarse de la mano con el bien y el mal al mismo tiempo.
Quien anda con sabios, sabio será; quien anda con burros rebuznará.	La compañía de personas que constantemente se superan, su entusiasmo nos contagiarán, pero si nos hacemos acompañar de gente floja y apática, sólo desperdiciaremos el tiempo de nuestra vida.

Quien bien te quiere te hará llorar.

Las reprimendas por nuestro bien, no siempre nos hacen felices.

Quien con perros se acuesta, con pulgas se despierta.

Las malas compañías nos contagian sus defectos y muchas veces hasta sus enfermedades.

Quien gasta más de lo que puede, o roba o debe.

Quien presenta una incongruencia entre lo que percibe y lo que gasta, despierta en nosotros sospechas acerca de un comportamiento no ético.

Quien hace bien en su prosperidad, encuentra ayuda en su adversidad.

Una persona exitosa y próspera, que en su momento de abundancia no se olvida de quienes han menester. Si la desgracia llama a su puerta, tendrá ayuda de quienes en otro momento apoyó.

Quien hoy se harta, ayunará mañana.

Quien todo lo despilfarra, sin guardar algo para su futuro, ciertamente lo pasará con mucha dificultad, al llegar éste.

Quien hoy vive como quiere, mañana vive como puede.

Un llamado a evitar el despilfarro, pues si hoy tenemos la posibilidad de vivir holgadamente en el estilo que escogemos y lo disfrutamos, sin ahorrar para un futuro, al llegar éste tendremos que vivirlo como nos sea posible.

Quien huye de la ocasión, evita el pecado.

Nos aconseja evitar ponernos en ocasiones de peligro.

Quien mal anda, mal acaba.	Si por costumbre se vive con mal comportamiento, es obvio que la muerte, en su momento, sorprenda a quien así vive.
Quien menos puede es quien más quiere.	Quien menos ayuda, trabaja o aporta, es el que más exige.
Quien nada guardó, nada encontró.	Una de las muchas frases que nos invitan al ahorro en prevención futura.
Quien no disfrutó de bienes, no siente los males.	Nadie añora lo que no conoce.
Quien no te conozca, que te compre.	Podrás engañar a otros, pero no a mí porque yo sí te conozco.
Quien quiera que le sigan, vaya delante.	Si quieres ser guía, vive ejemplarmente.
Quien se ensalza será humillado, y quien se humilla será ensalzado	Frase Bíblica que nos enseña el castigo a la soberbia y el brillo de la humildad.
Quien se fía de un lobo entre sus dientes muere.	Si ya se conoce el mal proceder y detestable fama de una persona, es locura confiar en él.
Quien se ha de casar, mucho lo ha de pensar.	Toda la reflexión posible se ha de requerir para tomar este estado de vida, haciendo una evaluación objetiva de sí mismo y de su pareja.

Quien siempre pregunta, no se equivoca.	Al solicitar diversas opiniones, antes de dar un paso importante, se tendrá la oportunidad de hacer una evaluación desde diferentes puntos de vista, obteniendo con ello una buena decisión.
Quien sin culparle se excusa, su conciencia le acusa.	El culpable se echa de cabeza a sí mismo, ya que su conciencia lo acusa. Por ello se disculpa antes de que le acusen.
Quien sin que le acusen se defiende, por su boca se pierde.	La misma aplicación del anterior.
Quien sólo se basa en su dinero, es un majadero.	Los valores humanos no los compra el dinero.
Quien su caballo no cuida, bien merece ir a pie.	Si no tienes buen cuidado de tus pertenencias, sobre todo las más importantes, bien mereces perderlas.
Quien todo lo quiere, todo lo pierde.	Quien vive con ese afán corre el riesgo de perderlo todo.
Quien una vez hurta, fiel nunca.	Una vez saboreado el robo, fácil se convierte en adicción en quien lo comete.
Quien venga detrás, que arreé.	A unos les toca la responsabilidad de guiar y a otros la de apoyar.

Quien vive a crédito, muere a tormento.	Bueno es ajustarnos a nuestro presupuesto, o luchar por obtener mayores ingresos, pues el caer en deudas nos quitará la paz.
Quien vive temeroso, nunca será libre.	Siempre tendrá una actitud paranoica, que le impedirá vivir en paz y con libertad.
Quiere enseñar el Padre Nuestro al Señor Cura.	Queremos enseñar a quien nos supera en conocimientos.
Quiere las cosas peladitas y a la boca.	Quien no quiere trabajar y espera que le den las cosas ya echas, y así evitar esfuerzos de su parte.
Quiere tumbar las murallas a patadas.	La persona obstinada, que con su necedad pretende abatir obstáculos que están fuera de su alcance.
Quieres conocer a Andrés, vive con él un mes.	Se conoce mejor a la persona conviviendo un tiempo bajo el mismo techo.
Quieres conocer a Inés, vive con ella un mes.	La misma aplicación del anterior.

R

Recordar es vivir	Los recuerdos de momentos felices los saboreamos con fruición y nos producen gran gozo.

Renovarse o morir.	Es muy importante estar al tanto de los sucesos, y modificar positivamente nuestro criterio de acuerdo al mundo, que evoluciona constantemente.
Resguárdate del hombre que no habla y del perro que no ladra.	Ante lo que resulta incongruente, es prudente sospechar.
Resultó más caro el caldo que las albóndigas.	Cuando aportamos dinero a un mal negocio.
Resultó junto con pegado.	Esperábamos encontrar una mejor solución al problema, y nos resultó igualmente mal la alternativa elegida.
Reverso y anverso, así en lo próspero como en lo adverso.	Evaluar la parte y la contraparte de una misma situación, permitiéndonos así hacer un juicio objetivo.
Roma no se hizo en un día.	Emprender una gran obra, o afrontar un gran reto, implica tener paciencia para llegar al éxito.
Rumbo a casa no hay burro flojo.	Los burritos en el campo, después de sus faenas cotidianas, no es necesario apresurarlos, van de regreso con paso rápido sabiendo que les espera comida y descanso. Los humanos también de regreso a nuestro hogar vamos más ligeritos que cuando salimos a nuestras tareas diarias.

S

Sábado glorioso: me lavo, me plancho y me coso.	Cuando toda la semana se está fuera por motivos de trabajo, el día sábado es de excesivo trabajo doméstico.
Saberlo ganar y saberlo gastar; eso es disfrutar.	El dinero que con esfuerzo se gana, deberá gastarse con sabiduría y prudencia, pero sin avaricia.
Sabes que en mi corazón moras y ni renta pagas.	Aunque no nos veamos con frecuencia, puedes estar seguro de mi afecto y estimación.
Sal con tu cruz a la calle y verás otras más grandes.	Siempre hay quien sufre mucho más que nosotros, basta observar a nuestro derredor. Así valoraremos y daremos gracias por lo mucho que tenemos y lo poco que padecemos.
Salió corriendo como alma que se lleva el diablo.	Quien intempestivamente y sin ninguna explicación emprende una huida.
Salió igual lo comido que lo servido.	Invertimos dinero y esfuerzo en seguir una alternativa, pero no obtuvimos ningún beneficio.

Salió verso sin esfuerzo.	A manera de disculpa pronunciamos esta frase, cuando no encontramos en nuestro léxico palabras que adecuadamente expongan nuestra forma de pensar; y sin querer a veces nos resultan frases en verso.
Saluda con sombrero ajeno.	Se vale de las cosas o fama ajenas, para hacerse admirar y respetar.
San Alejo, líbrame de un... conejo.	Es en doble sentido, (para que no suene fuerte), y sucede cuando quienes manejamos solicitamos la ayuda divina para que Dios nos libre de un peatón distraído.
Santo que no es visto, no es venerado.	Hay que darse a conocer para ser valorado.
Sarna aceptada, no pica.	El malestar ocasionado por cosas que nos agradan, no nos disgusta.
Satisfacción no pedida, acusación manifiesta.	Cuando la persona se excusa sin tener por qué, está delatando su culpabilidad.
Se aprende más de la crítica que del elogio.	Las personas que nos critican constructivamente, son más objetivas porque no están comprometidas con nosotros, ya que los amigos, por no quedar mal, siempre nos elogian.

Se cae para que lo levanten.	Intencionalmente causa lástima para que le tengan amor y compasión.
Se cree el último refresco del estadio.	Se cree importante, invaluable e indispensable.
Se cura en salud.	Anticipa aclaraciones para evitar ser involucrado.
Se da baños de pureza.	La persona que fácilmente se escandaliza por cualquier cosa.
Se defiende como gato boca arriba.	Hace su defensa con vehemencia, haciendo acopio de todo lo que está a su alcance.
Se dice el pecado, pero no el pecador.	Damos a conocer lo que nos fue comentado, pero por discreción no delatamos al informante.
Se encuentra entre la espada y la pared.	La persona que debe tomar una decisión, pero se encuentra acorralada entre dos partes, y lo que elija dañará a alguna de ellas.
Se hace como que la Virgen le habla cuando ni siquiera le parpadea.	Se hace el desentendido ante sus obligaciones.
Se hace como el tío "Lolo": tarugo solo.	Quien cree que engaña a los demás, y es él quien se engaña a sí mismo.
Se juntó el hambre con las ganas de comer.	Cuando una persona necesitada le pide a otra que está en situación igual o peor.

Se juntó la "ronda" con los "piteros".	La "ronda" y "los piteros" eran antiguamente sistemas de vigilancia nocturna, a pie en las calles. Lo aplicamos cuando observamos que se encuentran dos personas o un grupo conflictivo, a quienes tememos por ser causantes de problemas.
Se le hace poco el mar para hacer un buche de agua.	Quien es osado, audaz y se sobrestima, seguro de que puede lograr todo.
Se me fue el dinero (tiempo) en pitos y en flautas.	Cuando no administramos nuestro tiempo o dinero prudentemente, es fácil al final no estar seguros de su buen empleo.
Se me juntó todo junto.	Pleonasmo con el que se quiere expresar lo abrumados que estamos en ese momento, por varias cosas que requieren atención de inmediato.
Si te metes a redentor, saldrás crucificado.	Mantente al margen de los conflictos entre personas que no entienden razones, ni desean encontrar arreglo a sus problemas.
Se ponen a dar buenos consejos cuando ya no pueden dar malos ejemplos.	Personas que en su juventud no fueron de buen comportamiento, en el ocaso de su vida hacen un cambio radical. Es bueno, pero difícil será que las personas que les conocen confíen en ellos.

Se quedó como el perro de las dos tortas, si una y sin otra.	Cuando se tienen dos buenas alternativas, se elige una y no se logra el éxito, y respecto a la otra alternativa ya pasó la oportunidad.
Se quedó como novia de pueblo, vestida y alborotada.	Cuando nos dejamos llevar del entusiasmo y elaboramos planes, sin asegurarnos de la participación responsable de las partes involucradas; siendo el resultado quedarnos con un buen "plantón".
Se quedó con el chongo hecho y sin salir a bailar.	Guarda la misma aplicación que la frase anterior.
Sé rápido para oír y lento para responder.	Un consejo para meditar y responder con prudencia.
Se salió del guacal.	Quien se salta los reglamentos que por disciplina le han sido fijados. ("Guacal", alacena en que se guardaban cosas y se acostumbraba llevarla a cuestas).
Se siente la divina envuelta en huevo.	La crítica que hacemos cuando no soportamos la vanidad o prepotencia de alguien.
Se siente la mamá de los pollitos.	Se aplica de igual forma que la frase anterior.
Se soba antes de que le peguen.	Quien se defiende, sin que le estén atacando.

Se sufre, pero se aprende.	Todo lo que se aprende lleva consigo esfuerzo, y casi siempre una gran dosis de sufrimiento.
Se vale fregar, pero no arrancar el pedazo.	Qué bueno es recibir ayuda, pero no abusemos de la buena voluntad de quien nos auxilia.
Según es el sapo es la pedrada.	Observar bien al enemigo y basándose en ello determinar la táctica de ataque.
Según es la vida, así es la muerte.	La muerte es tan cierta e incierta, que seguramente nos encontrará en el estilo de vida que hayamos escogido.
Si prestaste dinero: perdiste dinero o enemigo ganaste.	Las consecuencias de prestar dinero a personas no bien conocidas, irresponsables o carentes de respeto al derecho ajeno.
Si aceptas las cebollas, acepta también los rabos.	Ya sea que la vida nos coloque ante situaciones y personas, o las busquemos, tendremos que aceptarlas con sus "pros" y sus "contras". Muy aplicable al parentesco político en una pareja.
Si amas algo, déjalo libre; si regresa es tuyo, si no, nunca lo fue.	Dios nos creó libres y nadie es dueño de nadie. Con frecuencia nos gusta exigir que nos amen.
Si de buenos hijos quieres ser padre, sé buen padre.	La mejor escuela de formación para los hijos en una familia, es el ejemplo de sus padres.

Si de Dios logras la gracia, confórmate con tu desgracia.	Dios es amor y providencia, aceptemos de buen grado las situaciones adversas, que seguramente también serán para nuestro bien.
Si de lejos parece, de cerca ni duda queda.	Cuando alguna dama viste en forma escandalosa y llamativa, con frecuencia se menciona esta frase, para censurar la imprudencia de vestirse de una forma en que pueda considerársele de malas costumbres.
Si de ver se pega, cuánto más de andar juntos.	Con el trato frecuente, copiamos casi siempre lo malo de los demás.
Si del dinero a Dios prefieres, pobre eres.	Dios sea el primer servido, pues si por codicia le volvemos la espalda, sí que seremos pobres sin Él.
Si el día se te hizo corto, no te preocupes que ya viene otro.	Cada día tiene su propia tarea, hagámosla optimizando nuestro tiempo lo mejor posible, y luego descansemos sin preocupación.
Si el Superior juega a los naipes, ¿qué harán los frailes?	Contra quienes dicen una cosa y hacen otra.
Si eres diligente, ahuyentarás tu mala suerte.	La diligencia en nuestro diario vivir, nos traerá la fortuna de ser prudentes y previsores.

Si eres el dueño de tu dinero, bueno; pero si tu dinero es tu dueño, malo.	Alerta para quienes la opulencia los convierte en esclavos de su dinero.
Si eres macho, que te ensillen.	Contra los misóginos que no aceptan la igualdad de derechos entre el hombre y la mujer.
Si es poco el amor, no lo desperdicies en celos.	Si contamos con poco (de cualquier cosa), optimicemos su uso para evitar desperdicio.
Si la envidia fuera tiña, cuántos tiñosos habría.	Un llamado a la reflexión para las personas envidiosas.
Si la pata del grillo es buena, el grillo entero será mejor.	Aumentamos la dosis del remedio prescrito esperando que nos dé un mejor resultado.
Si la vida te da un limón, conviértelo en limonada.	Transforma tus adversidades dándoles un enfoque positivo, y sacando ventaja de ellas.
Si los locos volaran el sol no se vería.	Exclamamos esto cuando observamos cuánta incongruencia y actitudes fuera de lugar nos rodean.
Si mi tía tuviera ruedas, sería carreta y me subiría en ella.	No tiene caso perder el tiempo pensando en utopías.
Si no compras no magulles.	Frase empleada de manera defensiva por los vendedores de frutas y verduras, a fin de que no se les maltrate su mercancía.

Si no puedes contra el enemigo, únete a él.

Si nuestro enemigo cuenta con un potencial superior al nuestro, más nos vale hacer las paces o llegar a un buen arreglo.

Si no quieres ser engañado, no seas confiado.

Meticulosamente examina a la persona en quien pongas tu confianza.

Si no te traté, ¿cómo eres? No lo sé.

Con frecuencia escuchamos acusaciones en falso acerca de otras personas; si no nos consta, mejor no opinemos.

Si no tienes nada qué hacer, no lo vengas a hacer aquí.

No quites el tiempo a quien está trabajando.

Si quieres conocer al indito, dale un carguito.

La persona que con un sencillo cargo que se le confiera, se muestra muy superior a los demás.

Si quieres crecer, ciego, mudo y sordo has de ser.

Todos tenemos un camino y el motivo de nuestra existencia. No nos involucremos en los asuntos ajenos.

Si quieres que tu hijo sea un pillo, mándalo de monaguillo.

Los acólitos o monaguillos crearon esa fama desde la antigüedad: traviesos, tramposos y ventajosos. Esto no indica que así sea en la actualidad.

Si quieres que yo te cante, la paga venga delante.

Con mucho gusto me responsabilizo de tu encargo, pero el pago es anticipado.

Si se alivió fue gracias a la Virgen. Si se murió fue culpa del doctor.	La fe ciega del pueblo y la poca comprensión acerca de posibles complicaciones, que en casos graves pueden surgir.
Si tienes mujer rencorosa, te armará cada día un pleito por cualquier cosa.	Buscará cualquier pretexto para causar problemas, sin darse cuenta que los propicia el rencor o frustración que lleva en su interior.
Si tu mal tiene remedio para qué te apuras, y si no lo tiene, también, para qué te apuras.	Si nos sucede algún mal y podemos remediarlo, qué bien; pero si no tiene arreglo, de nada nos valdrán las lamentaciones.
Si una puerta se cierra, otra se abrirá.	Ante la adversidad, hagamos una evaluación positiva y encontraremos nuevas alternativas.
Si una vela se apaga, otra me queda encendida.	La justificación que damos cuando ponemos en perspectiva diversas alternativas, previendo no acertar en alguna.
Si vives en condominio, no molestes al vecino.	Un condominio no es la casa de una familia, sino la de muchas, a quienes debemos respeto y consideración. De esta manera, tendremos una mejor convivencia.
Siembra vientos y recogerás tempestades.	A la persona intrigante y maquinadora, tarde o temprano las cosas se le vuelven contra sí y se enreda en su propia madeja.

Siempre hay un roto para un descosido.	Siempre habrá alguien afín con quien puedas entenderte y coordinarte.
Siempre teme a Dios, y sobre todo a quien no teme a Dios.	Mantén una conciencia limpia y evita el trato de quien carece de ella.
Siéntate en el quicio de tu puerta y verás pasar el cadáver de tu enemigo.	No combatas a tu enemigo, sobre todo si estás en desventaja; la vida misma se encargará de hacer justicia.
Silencio ranas, que va a predicar el sapo.	Una forma bromista de pedir silencio en una reunión cuando se quiere tomar la palabra.
Sin Dios todo es nada, y con Dios nada es todo.	Aunque lo tengamos todo podemos perderlo en un segundo. Pero fijando nuestra esperanza en Dios, con su amor providente, todo lo tendremos.
Sirve de chivo expiatorio.	Líbrenos Dios de caer en manos de un poderoso sin escrúpulos que a sabiendas de nuestra inocencia, pretenda acusarnos de delitos que no hemos cometido.
Sirve para dos cosas: para nada y para lo mismo.	El colmo de lo inútil.
Sobre advertencia, no hay engaño.	Si antes del suceso somos advertidos con claridad de la situación a la que nos enfrentaremos, no nos llamemos engañados si el resultado no resulta como esperábamos.

Sólo a las casas viejas se les pintan las fachadas.	Es la crítica que los misóginos hacen a una mujer de edad mayor cuando se acicala.
Sólo Dios basta, y quien a Dios tiene nada le falta.	Frase de Santa Teresa de Ávila, que por sí sola se explica, y que nos invita a tener una confianza plena en Dios.
Sólo en su casa lo conocen y hasta de tú le dicen.	Cuando nos ponderan a alguien, supuestamente muy conocido, pero de quien nunca hemos oído hablar.
Sólo hay de dos sopas, la de fideos y la de "jodéos"; y la de fideos ya se terminó.	Se nos presenta una situación no deseada y además muy incómoda, de la cual no hay escapatoria, sólo nos resta aceptarla.
Sólo le falta sarna qué rascar.	Quien afortunadamente todo lo tiene.
Sólo se cosecha lo que se siembra.	Por ello procuremos siempre dar lo mejor de nosotros mismos.
Son patadas de ahogado.	Es el nombre que se les da generalmente a los esfuerzos por salir adelante, de quien tiene su causa perdida.
Son polvos de aquellos lodos.	Las consecuencias que nos dejaron los sufrimientos y diversas situaciones tan difíciles por las que nos tocó atravesar.

Soy como el chicle: me mascan, pero no me tragan.

No es posible ser aceptado por todos, hay antipatías gratuitas de las que no podemos escapar.

Soy tonto, pero Dios me ayuda.

Somos limitados en nuestra inteligencia, pero decimos esto cuando a tiempo advertimos algo fraudulento.

Suerte te dé Dios, lo demás no te importe.

Si eres una persona de firmes principios, trabajadora y exitosa, no tienes de qué preocuparte.

Sufre callando lo que no puedas remediar hablando.

Si no puedes remediar tus males, para qué hablar de ellos. Es mejor que los aceptes y te serán más llevaderos. Pues al hablar de ellos sólo conseguirás remover tus heridas.

Suprime el dinero si quieres suprimir al mundo entero.

Una economía floreciente es necesaria para la supervivencia de cualquier país y del mundo entero.

T

Tal para cual, cada botón para cada ojal.

La afinidad es lo que une a dos personas.

También de dolor se canta, cuando llorar no se puede.

Ante nuestros sufrimientos, optemos por animarnos, pues llorando sólo nos deprimimos y nos hacemos daño.

También en San Juan hace aire.	Lo que en una ciudad grande sucede, bueno o malo, también acontece en pueblos pequeños.
Tan malo el pinto como el colorado.	Entre dos malas situaciones o personas, cualquier elección da igual.
Tantas cabezas, tantos pareceres	Naturalmente, porque todos somos distintos; lo importante es que la diversidad sea constructiva y no destructiva.
Tanto andan a "ron ron", hasta que caen en un cagajón.	En cualquier circunstancia, el ser tan selectivo, puede ocasionarnos confusión e inseguridad y terminaremos eligiendo lo peor.
Tanto cae el cántaro al agua, hasta que se queda dentro.	("Cántaro", vasija de barro que atado a una cuerda se usa para sacar agua de un pozo, y debido a su material frágil y continuo uso, fácil es que llegue el momento en que se rompa y quede en el agua dentro del pozo). Esta frase se aplica cuando incidimos con tanta frecuencia en una acción, que posiblemente quedamos atrapados en ella.
Tanto peca el que mata la vaca como el que le detiene la pata.	Quien ayuda a perpetrar cualquier perjuicio o delito, es cómplice del delincuente.

Tanto quiere el diablo a su hijo hasta que lo deja tuerto.

El exceso de cuidado se convierte en sobreprotección, que impide el desarrollo normal de un hijo. También se aplica cuando algún objeto nos es tan querido, que lo llevamos de un lado a otro buscándole el mejor lugar, y terminamos rompiéndolo.

Te conozco bacalao, aunque vienes "disfrazao"

Venga de donde sea, o como sea, pero reconocemos de inmediato el engaño.

Te guste o no te guste y aunque te asuste.

Tomé una decisión y la llevaré a cabo aún cuando no estés de acuerdo.

Te haces de achaques el jueves para no ayunar el viernes.

Anticipamos pretextos para eludir compromisos.

Te llevo de rama en rama, como Tarzán lleva a Juana.

("Tarzán", personaje de historietas que vive en la selva y se desplaza de un árbol a otro mediante lianas, y su pareja se llama "Juana"). Con esto deseamos comunicar cuánta estimación sentimos por la persona con quien hablamos.

Ten a todos como amigos, y a uno por compañero.

Quien merezca tu mayor confianza, has de elegirle con mucho detenimiento.

Ten cuidado con lo que deseas porque puede convertirse en realidad.	Una desmedida ambición o un deseo incontrolable de venganza, al convertirse en realidad puede perjudicar a quien abriga estos sentimientos.
Tener obreros sin vigilancia, es pérdida, mas no ganancia.	Aconseja la prudencia y toma de medidas de seguridad, tanto en una negociación como en el empleo de trabajadores domésticos.
Tengo dos amigos: mi perro y mi bastón.	Del bastón incondicionalmente y a cualquier hora podremos disponer; el amor y la lealtad de nuestro perro (mascota) jamás la perderemos, pues se caracteriza por su nobleza y fidelidad incondicional.
Tiempo y tiento te darán el vencimiento.	Paciencia y prudencia te harán alcanzar el éxito.
Tiene aires de grandeza.	Crítica que se hace a la persona de poca valía que mira con desdén a los demás en su entorno.
Tiene cara de sargento mal pagado.	Persona mal encarada, o sea, con apariencia de enojo.
Tiene cola que le pisen.	Quien evita involucrarse en cualquier cosa, por temor a ser descubierto en sus malas acciones.

Tiene correr de caballo y parar de burro.	Quien comienza con mucha energía y entusiasmo sus proyectos, pero no persevera y deja las cosas sin terminar.
Tiene cuerpo de tentación y cara de arrepentimiento.	Generalmente, se aplica a una mujer de bello cuerpo pero de cara nada agradable.
Tiene muchos años de marquesa, y no sabe mover el abanico.	Quien después de tantos años de hacer lo mismo, sigue siendo inepto.
Tiran la piedra y esconden la mano.	La cobardía de hacer algo y ocultarse después.
Todas las rosas tienen espinas.	Aunque se tenga mucha felicidad, siempre habrá problemas que afrontar. Es parte del crecimiento humano.
Todo cabe en un jarrito, sabiéndolo acomodar.	Cuando disponemos de muy poco espacio, pronunciamos esta frase para alentarnos a buscar la mejor manera de acomodar cosas utilizando con inteligencia el reducido espacio.
Todo en esta vida se pega, menos el dinero y la hermosura.	Para bien o para mal, tendemos a copiar a otros. Pero no podremos hacerlo igual porque todos somos diferentes.

Todo lo malo puede empeorar. Y todo lo bueno puede mejorar.

Con este pensamiento, tratamos de pensar con tranquilidad ante cualquier eventualidad, grata o ingrata.

Todo lo que sube, tiene que bajar.

Las cosas bajan por la ley de gravedad de la tierra. Concepto descubierto por Isaac Newton, y que lo aplicamos para comprender que nadie puede mantenerse por tiempo indefinido en la cumbre del éxito y la fama. En los puestos de trabajo, quien tiene la mayor jerarquía y comete algún error, le cuesta el trabajo.

Todo mundo vende pan caliente, nadie vende pan frío.

Los comerciantes siempre dicen que venden lo mejor.

Todo o nada.

Actitud extremosa que no da ocasión de llegar a un acuerdo.

Todo por servir se acaba, y acaba por no servir.

Nada es eterno, sólo Dios, y con el uso y abuso nos acabamos: utensilios, salud, fortuna, etc.

Todo tiempo pasado fue mejor.

Lo expresamos ante la dificultad de adaptarnos a los radicales cambios actuales, y nos refugiamos añorando el tiempo que nos tocó vivir nuestra realización.

Todo tiene remedio, menos la muerte.

Mientras tengamos vida y salud, es posible encontrar solución a cualquier problema.

Todos coludos o todos rabones.	Se pide igualdad en todo y para todos.
Todos los caminos conducen a Roma.	Por todas partes podemos llegar al lugar deseado.
Todos los chaparros se sienten Napoleón.	Expresión sarcástica ante el comportamiento prepotente que presenta una persona de baja estatura.
Todos queremos ser cabezas, como si fuéramos ajos.	Nos gusta buscar la notoriedad y ser protagonistas.
Todos somos necesarios, mas no indispensables.	Seamos útiles y brindemos apoyo mientras podamos, que ya vendrá quien ocupe el sitio que dejemos.
Toma al tiempo como viene y a los hombres como son, y nunca tendrás desazón.	Aceptemos con buen ánimo y tolerancia cada día, a las personas y situaciones que nos lleguen.
Tomar el rábano por las hojas.	Tergiversar lo que escuchamos cambiando para mal el sentido de las cosas.
Trabaja en esta vida como si fueras a vivir en ella eternamente, y prepárate para la otra como si fueras a morir mañana.	Consejo saludable, ya que el trabajo llevado a cabo con satisfacción nos hace felices, y la profunda espiritualidad nos lleva a la meditación que es el alimento del alma y nos prepara para afrontar el momento de nuestra muerte, el cual es tan cierto como incierto.

Trae al muerto boca abajo.	Antiguamente se creía que si una persona asesinada caía boca abajo, seguro se capturaría al asesino. Aplicamos esta frase cuando estamos afrontando una mala racha.
Trae al rey de las orejas.	La persona que mucho se sobreestima y ve a los demás muy por debajo de su ilusorio estatus.
Tranquilo va en su camino, quien a Dios toma por padrino.	Estando en manos de Dios con plena confianza, a nada debemos temer.
Trata a todos con bondad, pero no con familiaridad.	Todo y todos nos merecen bondad y amabilidad, pero la familiaridad debe tomarse con extrema cautela.
Trato con todos; amistad con pocos; confianza con uno; intimidad con ninguno.	Es muy claro el consejo acerca de la prudencia y mesura que en nuestro diario vivir saludablemente debemos observar.
Tratos son tratos.	Comportamiento inflexible de la persona con quien se hace un trato. Y que mejor nos valiera no haberlo hecho. Un consejo es reflexionar antes de comprometernos.
Tú a que sí y yo a que no, bien dicho está lo que dije yo.	Lo dice una persona impositiva que no considera las diferencias de opinión, a la que todos tenemos derecho a disentir.

Tú eres como Juan Gómez, tú te lo traes, tú te lo comes.	Quien aporta un platillo en una reunión, y termina consumiéndolo, sin dar oportunidad a los demás de probarlo.
Tú me quieres, yo te quiero; mas no te doy mi dinero.	Dos cosas distintas. El afecto en las amistades, el amor en la pareja, pero el dinero es sólo para negocios.
Tuve hermosura, más no ventura.	Es muy difícil tener ambas suertes. Generalmente se tiene una y se carece de la otra.

U

Un borracho todo tiene, menos vergüenza.	En estado alcohólico, el sujeto se siente poderoso, adinerado, sabelotodo, conoce gente importante, pero jamás dirá "¡qué vergüenza tengo!"
Un ciego lloraba un día, por un espejo que quería.	Es necedad y pérdida de tiempo añorar el pasado o desear lo que no puede tenerse, igual de absurdo sería que supuestamente un ciego llorara por un espejo.
Un clavo saca a otro clavo.	Generalmente, con esta frase una persona busca consolarse de una decepción amorosa, planeando llevar a cabo otra conquista.

Un día de muertos sin calabaza, no es día de muertos en esta casa.	Por las costumbres heredadas de la época prehispánica, conmemoramos el día de muertos (2 de noviembre) con una ofrenda mortuoria (altar), dedicada a los difuntos de la familia, colocando platillos que en vida fueron de su preferencia, y es *insdispensable* incluir el dulce de calabaza.
Un kilo en un camino largo, pesa.	Antes de contraer un compromiso, aunque sea pequeño, hay que pensarlo muy bien, pues pasado un buen tiempo puede cansarnos.
Un mal cantante, no hace mala una canción.	Si la canción es de calidad, no se verá afectada por el mal cantante. Cuando las cosas de suyo son buenas, positivas y beneficiosas, sólo hay que extirpar al mal elemento que se haya involucrado.
Un ojo al gato y otro al garabato.	Cuando es necesario vigilar dos o más cosas simultáneamente.
Un perro mordido, de todos es perseguido.	Cuando nos viene la desgracia, somos presa fácil de nuestros enemigos, quienes aprovechan su ventaja.
Un poquito y otro poquito, hacen un muchito.	Con ahorro constante formaremos una buena reserva para el futuro.

Un santo triste, es un triste santo.

Dios es alegría, es vida, es color, es amor, es renacer. La religión no está reñida con la alegría y la vivacidad.

Una duda puede más que una razón.

La duda carcome nuestro interior, y hasta que la aclaremos por nosotros mismos, estaremos en paz. No nos convencerá ninguna razón que escuchemos.

Una manzana podrida pudre a las demás.

Un elemento dañino en una agrupación, puede perjudicar al resto.

Una vez al año no haçe daño.

Cuando algo nos está prohibido por prescripción médica, y sucumbimos a la tentación, pero en forma esporádica.

Unas de cal por las que van de arena.

Los aciertos que yo tenga, serán algo a mi favor ante tanta adversidad.

Uno dice y el otro contradice.

Acalorada discusión entre dos personas o un matrimonio, que no conduce a dar solución alguna a un problema

Unos corren la liebre y otros sin correr la alcanzan.

Unos se afanan trabajando al máximo para llevar a cabo sus logros, pero surge un astuto e ingenioso que se aprovecha del trabajo de los demás.

Unos están para amolarse y otros para no dejarse.	La eterna lucha de la humanidad, desde que existimos: el ataque y la defensa.
Unos nacen con estrella y otros nacemos estrellados.	Lo expresamos cuando nos sentimos frustrados porque a los demás todo les sale bien, y a nosotros no.

V

Vale más pájaro en mano que ciento volando.	A veces la extrema ambición nos conduce a quedarnos sin nada, cuando lo mejor es conformarse con poco, pero seguro.
Vale más pedir perdón, que pedir permiso.	Hay personas intolerantes negativas a todo, por lo que es mejor hacer lo que tenemos en mente y disculparnos después. Así ya tenemos por seguro el haber alcanzado nuestro objetivo.
Vale más prever que lamentar.	Actuar con prudencia y tomar previamente todas las precauciones que juzguemos necesarias.
Vale más un: "más vale prever", que un "quién lo hubiera dicho", o un "válgame Dios".	Diferentes palabras al anterior, pero es la misma aplicación, prever para no lamentar.

Vamos a ver de qué cuero salen más correas.	En un conflicto entre dos personas de igual agresividad, esperamos ver quién gana la disputa.
Vamos a ver de qué lado masca la iguana.	Enfrentemos esta situación con cuidado, ya que no sabemos a ciencia cierta con qué dificultades vamos a toparnos.
Vamos a ver: dijo un ciego, y nunca vio.	Cuando nos empeñamos en sacar adelante una situación, que de antemano sabemos está perdida.
Vamos de mal en peor.	Una vez comprendida la mala situación, hay que revalorizar todo para iniciar de nuevo, si es posible.
Vamos poniéndole Jorge al niño.	De inmediato pongámonos a trabajar.
Vano todo esfuerzo, si Dios nos deja de su mano.	Si a Dios encomendamos todos nuestros quehaceres, seguro evitaremos equivocaciones.
Ve (dice la pereza). Voy: (dice la diligencia).	El diligente acata de inmediato lo que se le pide, pues ama su trabajo; el perezoso trata de pasar a quien se deje las obligaciones que le corresponden.
Ve caballo y se le ofrece viaje.	El oportunista que ante la ocasión busca sacar provecho.

Ve moros con tranchetes.	Quien juzga paranoicamente las apariencias.
Vence quien resiste.	Al perseverar obtendremos el logro de lo que deseamos.
Ver, oír y callar, si problemas quieres evitar.	Debemos intervenir en cosas injustas o buenas causas, pero cuando se trate de inmiscuirse en vidas ajenas, es aplicable el refrán que explicamos en este espacio.
Ves la paja en el ojo ajeno y no ves la viga en el propio	Es difícil hacernos una autocrítica, es más sencillo fijarnos en los defectos ajenos.
Ves la tempestad y no te hincas	No pidas cosas imposibles o difíciles en situación tan adversa como la que estamos atravesando.
Viejo el aire y todavía sopla.	Defensa ante las vejaciones que sufren las personas en edad avanzada.
Viejos los cerros y todavía reverdecen.	Palabras que en forma defensiva son pronunciadas por personas ancianas, pero que aún sienten fortaleza.
Viernes social, sábado sexual y domingo como animal.	Advertencia a quienes el fin de semana cometen excesos.

Viva cada uno como quiera y yo como pueda.

El ser y dejar ser a los demás. El respeto a los derechos ajenos.

Vive de tal suerte, que ni te encante la vida, ni te espante la muerte.

Seamos productivos, vivamos y disfrutemos el presente, tomando en cuenta que no es para siempre.

Vivo como puedo y no como quiero.

Siempre nos esforzamos por vivir lo mejor posible, pero al fin como seres humanos, en general, nos gustaría siempre tener una situación mejor.

Voz del pueblo es voz del cielo.

Cuando la mayoría insiste en una decisión, nos parece que es claro que las cosas deben ser así.

Y

Ya apareció el perdido, más valdría que no hubiera aparecido.

Debido a que nos causa más molestia con su presencia.

Ya comí, ya bebí, ya no me hallo aquí.

Una salida graciosa para dar por terminada nuestra asistencia a un festejo.

Ya el que es panzón, aunque lo fajen de chico.

No es posible cambiar en esencia nuestra herencia genética, gordura, delgadez, tez rubia o morena, lo alto o lo bajo en estatura. Aplicable para manifestar que no podemos cambiar a nadie.

Ya le estamos "dimos" "dando".	Frase motivante para que en grupo y con entusiasmo comencemos a llevar a cabo labores en equipo, una vez que está todo listo.
Ya no la quieras con chongo, acéptala aunque esté pelona.	Ante algo que te regalen no pongas objeciones.
Ya no quiere queso, sino salir de la ratonera.	Quien se involucró en una situación considerándole muy fácil, y después se le complicó terriblemente.
Ya no siento lo duro, sino lo tupido.	Una reacción cuando llegas al límite de aguantar una situación difícil que parece no tener fin.
Ya porque mató un perro, le llamaron "mataperros".	Algo que haya pasado por accidente o por casualidad, hace que las personas en derredor del protagonista lo etiqueten equivocadamente.
Ya porque nació en pesebre se siente Niño Dios.	Al prepotente, jactancioso, vanidoso y orgulloso, que trata con despotismo a los demás, olvidándose de su humilde origen.
Ya porque un viejito se murió, resulta que fue año de mortandad.	Ya porque me equivoqué una vez, piensan que siempre haré mal las cosas.

Ya sabe dónde le aprieta el zapato.	La persona que tiene un buen criterio, y sabe qué puede y debe hacer y qué no.
Ya sea del pie o de la oreja, pero a mi marido nunca le falta una queja.	Un esposo negativo que siempre tiene de qué quejarse.
Ya sólo falta que un perro me orine.	Hay días en que todo parece confabularse en nuestra contra, y no damos un acierto.
Yerba mala nunca muere, y si muere ni falta hace.	Lo decimos cuando se nos agota la paciencia ante una persona que siempre está manifestándose enferma, aunque no lo esté tanto como lo dice, pero nos mantiene sujetos a chantaje.
Yo acompaño a mi amigo, pero sólo hasta la puerta del infierno	Como ser individual tengo capacidad de decisión, y no voy a exponerme ni a involucrarme con alguien que me perjudique, por mucho que le deba o por grande que sea la amistad.
Yo puedo más que tú; dijo el dinero a la justicia.	Desgraciadamente, la mayor flaqueza del ser humano es la seducción que ejerce en él el dinero, y todas las puertas se abren para quien lo tiene.

Yo sabré en qué palo me trepo. (....pero cumpliré lo prometido).	Me esforzaré, me las ingeniaré, pero estoy seguro de que lo lograré.
Yo sólo en mi libro sé leer.	Sólo con el uso de los elementos que son de mi propiedad me siento seguro.

Z

Zapatero a tus zapatos.	Quien conoce muy bien su oficio, más le vale continuar en él.

TÍTULOS DE ESTA COLECCIÓN

A los Pies del Maestro y hacia el Camino del Discípulo. *Jiddu Krishnamurti*

Camino al Corazón. *Sanamsin Omsandar*

Consejos a Cenicienta. *Suzanne E. Harrill*

Como una Hoja al Viento.

Cuidándome. *Mary Kay Mueller*

Del Masoquismo Utópico al Masoquismo Científico. *R. Mares*

Desayunos para el Alma. *R. R. Cárdenas*

Dones del Loto. *Virginia Hanson*

El Árbol de la Vida. *C. Cicero y Sandra Cicero*

El Arte de la Lucha Espiritual. *Grant Schnarr*

El Corazón, la Identidad Propia y el Alma. *Robert Frager Ph. D.*

El Viaje Infinito. *C. Schmill S.*

Espigas de Oro. *Dr. Marco A. Garibay*

Guía Espiritual para el Nuevo Milenio. *A. John Bethel*

La Era de Cristal. *Sanamsin Omsandar*

Las Enseñanzas de las Artes Marciales aplicadas al Golf. *R. Behrens*

Las Mejores Frases Célebres de México y el Mundo. *A. Morales*

¿La Vida es Bella? *Marie-André Linteau*

Más Allá de lo Obvio. *Christine Page*

Ni son Todos los que Están, Ni Están todos los que Son. *L. M. Flores G*

Un Arte de Vivir. *André Maurois*

Viajando. Donde el Chamanismo y la Psicología se Encuentran.
J. M. Gagan PhD

Impreso en Offset Libra

Francisco I. Madero 31

San Miguel Iztacalco,

México, D.F.